您投资成功背后的一只"幽灵"

阿财金融·投资理财系列丛书

幽灵玩股（一）

张岳 著

同济大学出版社
Tongji University Press

图书在版编目(CIP)数据

幽灵玩股.一/张岳著;王丛维组编;蔡中绘
-- 上海:同济大学出版社,2016.4
(阿财金融·投资理财系列丛书/于磊主编)
ISBN 978-7-5608-6275-0

Ⅰ.①幽… Ⅱ.①张…②王…③蔡… Ⅲ.①股票市场—研究—中国 Ⅳ.① F832.51

中国版本图书馆 CIP 数据核字(2016)第 065534 号

阿财金融·投资理财系列丛书

幽灵玩股(一)

于 磊 丛书主编
张 岳 著　王丛维 组编　蔡 中 绘

责任编辑　张 睿　　责任校对　张德胜　　封面设计　陈益平
出版发行　同济大学出版社　www.tongjipress.com.cn
　　　　　(地址:上海市四平路1239号　邮编:200092　电话:021-65985622)
印　　刷　常熟市华顺印刷有限公司
开　　本　889mm×1194mm　1/32
印　　张　3.375
印　　数　1—5 100
字　　数　91 000
版　　次　2016年4月第1版　2016年4月第1次印刷
书　　号　ISBN 978-7-5608-6275-0
定　　价　10.00元

本书若有印装质量问题,请向本社发行部调换。

版权所有　　侵权必究

丛书总序

随着百姓投资需求的与日俱增，目前市场上类似"授人以鱼"的理财书籍也出了不少。但为什么我们还要"死磕"，再编著这样一套投资理财丛书？这套丛书的优势又在哪里？它会不会和教科书一样严肃、枯燥、难懂呢？

这套丛书彻底抛弃"大而全"的路线，每单本书只关注一小类投资理财产品或工具。我们不求面面俱到，但求短小精悍，实现阅读的"碎片化"。同时，提供大量的最新投资案例作为辅助说明，而非单纯的投资理财产品推荐。为的是从投资者的投资理财"实战"出发，给出最有效、最快速的赚钱攻略和分散风险的方法，更多地"授人以渔，而非授人以鱼"，实现"工具化"。另外，各书大都配以生动的插图，将枯燥的投资理财知识变得生动活泼，充分体现出这一系列丛书的可"悦"读性。

在这里，有非同一般的编著视角，怎样赚钱和怎样抵御风险，是我们聚焦的唯一方向！

在这里，我们专注投资理财，但不局限于股市，能有收益，都是我们关注的主题！

在这里，有投资高手的专业作后盾，更有详实数据、实盘操作案例的给力支撑，让投资理财"有理有据"！

实用的攻略,投资可以轻松上手;简明的表述,直击赚钱的本质;"不忽悠"是我们信奉的准则!

如果你有资金,如果你除了股市之外,还关注基金、保险、黄金、外汇、信托、艺术品等的投资理财机会,就请紧紧"跟随"我们!

本投资理财系列丛书的内容统筹由徐晓露完成,插画由蔡中绘制。特别感谢责任编辑张睿老师极其认真、细致、负责的工作!

我们共同期待可以时常都有新书与你见面!

前言

"我只是一个幽灵,我是你交易成功背后的影子,这是我惟一的愿望。"

这是美国期货交易丛书《幽灵的礼物》前言中的一句话,也是我读过这本书之后特别想实现的一个愿望。所以,从 2009 年开始,我在网络媒体上用"幽灵礼物"这个笔名开始撰写了第一篇博客,至今已经有 7 个年头。

作为股市中一棵资深的老"韭菜",我早年在证券公司打工期间,为了实现自己的操盘梦想,四处漂泊、拜师学艺。之后我在券商、国有投资公司、私募基金中负责过较大规模的资产管理业务。灵活应对和善于总结,让我在数次行情中获得了还算满意的业绩。

在决心投身于股权投资之后,我开始把过去多年的操作经历,用博客的形式分享给大家。力求表达幽默、条理清晰,同时还加入了市场研判和实战案例分享,这也让我的博客迅速获得了投资者的认可,连续多年被网络媒体评为"最强的财经声音",并成为财经门户网站的签约自媒体。

随着媒体呈现方式的不断拓展,从 2015 年 10 月起,我利用音频平台,用声音来传递投资经历、实战技巧、宏观面的解读和对市场的感悟,**特别是 2015 年我在 A 股市场的"逃顶"、"抄底"经历!**

本次出版的《幽灵玩股(一)》是我在2015年下半年开始发布的部分"声音"的文字小结，希望借此成为读者诸君在2016年及以后A股市场"交易成功背后的影子"！

在经过13年二级市场、7年一级市场历练之后，一个更具时代感、更接地气、更加生动的"幽灵"，以文字、音频、视频等多媒体形式呈现在大家面前。

期待也相信我会成为新、老"韭菜"们最好的投资伙伴。

幽灵礼物

2016年2月

目录

丛书总序
前言

第一篇　2015 股灾启示录 ……………………………………… 1

A 股应该怎么"玩" ………………………………………………… 2
暴跌背后有个幕后"黑手" ………………………………………… 8
熔断：为何 A 股跌美股不跌 ……………………………………… 14

第二篇　复盘 2015 的 A 股市场 …………………………… 19

下跌逻辑：央行"脱不了干系" ………………………………… 20
抄底逻辑：管理层"担扰"了 …………………………………… 26
判断逻辑：无人能与系统风险对抗 ……………………………… 30

第三篇　A 股的涨跌与汇率战 ……………………………… 35

在岸人民币突破 6.4 底线 ………………………………………… 36

货币贬值 股市涨跌不一 41
外币负利率 对A股的传导效应 43
"股灾"就为应对汇率战 48
索罗斯的"做空"套路 53
"官鳄大战"的制胜手法 58

第四篇 A股"做盘"的那些事儿 63

做盘资金的来来去去 64
纯"资本运作"的后果 71
做盘就要"捆死"上市公司 74
识破"装逼"的做盘者 77
简单粗暴的涨停板"敢死队" 81
A股的"建仓"新套路 85
有些股票不计代价地"拉升" 88

后记 95

第一篇
2015 股灾启示录

【提要】2015 年股市带来的伤害有多深，也许只有身在其中的股民体会最强烈。在全年 2000 余点的暴跌中蕴藏着怎样的玄机？同样是"熔断"，为何 A 股跌美股不跌？"谁"又是 A 股走势的幕后"黑手"？

独此一家的纯干货，错过后悔一辈子！

无论是对内容感兴趣的，有问题的，或是希望看到我最新"言论"的，欢迎大家关注我的新浪微博"幽灵礼物"或"阿财金融秀"，特别是微信公众号"幽灵玩股"（youlingwangu）。

你在股市投资中有困惑或者疑问，都可以发私信给我，典型的问题咱可以互相切磋，大家共同讨论！

A股应该怎么"玩"

【幽灵说】中国股市,自打开局以来,每波行情都有特强的"功利性"。2015年股市经历了2000余点的暴跌,这背后蕴藏着怎样的玄机?如果"幽灵"告诉你,股灾开始之前,市场就已经发出了信号,你相信吗?现在就来听听老韭菜"幽灵"是怎么分析的!

有哥们说我太磨叽,好久不更新,再不更新就取消关注。我在这里义正辞严地告诉这位,别介呀,你可不知道磨叽有倍儿多的好处。

之前咱说了,卖要坚决,忘掉成本和亏损。但买呢?买就得磨叽,得有耐心,是一种猎人的心态。

为什么管善于扑捉战机的国际资本叫大鳄?不知这哥们看过动物世界没有,鳄鱼扑食就是悄悄地在水下猫着,一旦进入自己大嘴的伏击圈,噌的一下就把你给灭了。所以说,猴急最容易挨宰、吃套,学着点哥们。

说到这讲个笑话,以前有一哥们叫唐建平,这哥们2008年曾经逆势高举高打"中兵光电(600435)"。他虽算不上国际大鳄,起码也算个中鳄。这哥们自我介绍的时候,每次都是本人唐建平,建仓的"建",平仓的"平",整个一白忙活。

玩股有几个好处——能身心愉悦,能克服部分心理障碍。一个是不设收益目标,能客观地决定买卖;一个是没有精神压力,时刻保持心情舒畅头脑清醒。所以说,用玩的心态炒股,好处多多。

咱这篇内容虽说面对的是散户,但可能对一些经验不足的机构也有点实战意义。不是吹啊,咱这可都是干货,倍儿干倍儿干的,咱这里一点抄别人的东西都没有,全是我自己亲身的经历和总结,不看绝对后悔,看了也不保证发财!

言归正传。话说咱们中国股市,自打开局以来,每波行情都有特强的功利性(功利功利,急功近利,说白了就是,有些人急着出政绩,股民急着发财)。

话说我经历的这几波行情,从1996年为国企脱困,到2000年为社保筹资,再到2007年股权分置改革[①],一直到本次国企转型+注册制改革,市场中的概念"炒作"不是众筹,就是圈钱,反正都一个意思,开个玩笑。

[①] 股权分置改革:股权分置改革是指通过非流通股股东和流通股股东之间的利益平衡协商机制,消除A股市场股份转让制度性差异的过程。一般是上市企业非流通股股东支付一定的对价给流通股股东,以取得股票的流通权。(http://wiki.mbalib.com/wiki/%E8%82%A1%E6%9D%83%E5%88%86%E7%BD%AE%B9%E9%9D%A9)

资本市场设立的核心目的,其实就是聚集社会资源,好钢用在刀刃上,企业发展,个人发财,但有时候太猴急,就会两败俱伤。

咱就拿2000年那波行情来说吧,是不是就为了给社保筹资?!

最早圈里流传的"版本"是,只要发行股份,就得从募集资金里划走10%到社保。然后就有人说了,咱发工资的时候不都扣了社保费么,怎么还从这儿划拉钱呢?!

所以哥几个一商量,这忒不合理,跑吧!后来股市就开始暴跌,再后来虽然改了好多"版本",那也没人信了,砍仓、割肉、跑路,一个个夺路狂奔,指数一路从2200跌倒998点。

有人说这波是许小年的千点论给骂的。其实没许小年也得跌到这份儿上,说实话那几年经济形势还相当不错。

股市一爆跌,不光管理层担扰了,企业也怕了。记得那年中石化港股发行,认购新股送加油站,给壳牌中国区负责人给乐的,签约的时候两手都直抖,反复地问律师,这是真的吗?这是真的么?

再后来就不用说了,人家壳牌股票也发了,加油站也发了。再后来不知道是不是中石化把没赚到的钱都加汽油里了,反正油价是越来越贵了。

要说牛逼的行情，还得属2007年股权分置改革那波大行情。

虽然中间也出了半夜鸡叫这些幺蛾子，但指数还是翻了好几倍，所以后来大家都说股权分置改革是利好，大大的利好。其实这个理解是不全面的！

严格地说，股权分置改革对股市应该是短期利空，长期利好。有些新股民可能不知道，最早咱们这股票有的能流通，有的不能流通。不能流通的叫法人股①。当时不流通的目的是保持国有控股地位。甚至有的国企70%都是法人股，控股控得杠杠的。那要全流通了，股票还不得给揍趴下喽，整个市场至少增加30%的筹码，你说这短期来看能是利好么？！

要说利好，那就是股权分置改革彻底解决了股票的全流通问题。股市正式地往市场化方向发展了，也向国际接轨迈进了一大步，所以说是，短期利空，长期利好。

但股市增加了那么多股票，为什么还有这么大级别的行情呢？

从本质上讲，是货币供应远超股票供应。当时的一大背景就是人民币升值。人民币对美元，从9元多一路升到6元多，大幅升值，外资源源不

---

① **法人股**：法人股是指企业法人或具有法人资格的事业单位和社会团体，以其依法可支配的资产，向股份有限公司非上市流通股权部分投资所形成的股份。如果该法人是国有企业、事业及其他单位，那么该法人股为国有法人股；如果是非国有法人资产投资于上市公司形成的股份则为社会法人股。

断涌入国内套利。钱的供应远大于股票的供应,所以才会有当时以16.70元发行、48.60元开盘的中石油(601857),继而套死千万股民的悲惨故事。

自从那会儿我就记住了,人民币升值,股市应该大涨,反之就是大跌。这是第一个经验!如图1-1所示。

2015年8月份,央行宣布人民币贬值,我咣地一刀就把股票都给割了[①],然后就上西藏"求神拜佛"去了……果不其然,我去西藏的那几天,股市暴跌1000多点,惊出我一身冷汗,真特么玄!

那个哥们肯定就要问了,你说人民币升值是大利好,但那年人民币升值可一直持续到2008年10月,怎么股市从6124点跌到1664点了呢?问得好,这是第二个经验!

2008年暴跌,是美国的次贷危机导致在外套利的资金,由原来进入中国套利,变成流回美国救火。套利和救火,当然是保命要紧。所以资金流向出现了逆转,咱人民币再升值也没用。

咱再举个眼前的例子,近一段全球市场暴跌,有的说美国加息,还有的说大众、嘉能可事件引发大跌,可能是压死股市的最后一根稻草。好多

[①] 说明:幽灵礼物2015年8月13日微博中写道:"对于暴跌,杠杆是不可抗力,对于杠杆,贬值是不可抗力,对于贬值,灾难是不可抗力,先不炒股了。"(http://weibo.com/1590164511/CvFqY4wyZ?from=page_1005051590164511_profile&wvr=6&mod=weibotime&type=comment#_rnd1454316273886)

股评因此都说完了完了，纳斯达克破位了，标普死叉了，但后来市场怎么又活过来了？还暴涨了？原因就是，美联储近期不加息。而嘉能可和大众暴跌事件，并没有改变资金流向，所以市场短期死不了。

这个也是我2015年国庆长假前敢于重仓的原因之一。

那哥们可能不信，说我吹牛，如果你有心要验证，可以去翻翻我那几天的微博，节前最后一天宣布重仓持股过节。还有前面说的人民币贬值后砍仓，有图有真相。

所以说，经过一波波行情，最牛是能赚到钱，还能赚到经验，那是双喜临门。如果说你侥幸赚到钱，但没有获得经验，以后还得挨宰。又如果，你虽然挨套了，但是总结了经验，只要没被干残废，肯定有翻身的机会。股市里没有没失过手的人，但有的人后来崛起了，有的人后来彻底消失了。

善于总结经验，还能记住教训，这才是崛起的关键。

文章发布日期：2015年10月10日

暴跌背后有个幕后"黑手"

【幽灵说】2015年股市带来的伤害有多深,也许只有身在其中的股民体会最强烈。因为受到场内外配资清理的影响,看到上证综指在两个多月的时间之内下挫了45%之多,往年我们比较难得一见的千股跌停也是一再重演。已经逝去的2015年金融市场可以说是险象环生,暴跌背后隐藏着怎样的"灵异"现象?来听听老韭菜"幽灵"是怎么分析的!

今日(2015年10月8日)沪深两市盘面出现了"灵异"现象,看着倍儿吓人。好多股票出现了整数位的抛单,30万股,50万股,猛往下干。

咱哥们买了一个袅袅娜娜的小盘股,以往大部分时间都是三五千股地来回唧瑟,明显有动作才上几万股的单子。可今日不知怎么了,1点半开始,30万股的抛单连续N多笔,到后来干脆50万股、100万股地往下砸。我数数一共砸了有300多万股。不过到头来这票的股价没被砸下去,还涨了4个多点,所以也没觉得有什么害怕的。其实要说平常日子,这种事也挺常见的。但灵异之处在于有好多股都这样,确实看着挺吓人。

最逗的是,我看微博上一大V评论,说这完全是空头赤裸裸的恐吓……这给我乐坏了!

你想想这些日子管理层处罚了多少违规违章的,这么赤裸裸的,相当于大街上冲出个拿枪的警察说,你找死呢! 警察还不给你毙了!

所以我觉得不存在威胁论,只不过是前些日子又是救市,又是清配资,弄出一大批倒仓的幺蛾子，我觉得挺正常。

一说到清理配资，立马就恨得我牙根痒痒，咱还是接着痛述股灾那些事吧。之前咱说到历次行情都急功近利，本次行情也差不太多，只不过是比往次更甚、更急、更邪乎！邪乎在哪呢？

小时候听过一秦朝修长城的故事。

按现在的说法，当时的皇太子虽说是修监会主席，但总是不能按时完工。正难受之时，有一个民工毛遂自荐，说他有办法。太子一听，这哥们原来当过敌国的交易所总经理，后来被俘虏当了民工，觉得这哥们应该有戏，于是就向他打听有啥好招。这哥们摇头晃脑磨叽了半天，说有个叫末尾淘汰制的法子。就是把所有民工都分组，每天干得最慢一组都给砍了，这样长城就修得快了。太子一听，这法子牛呀，就是它了。于是就照着他的法子开始分组干活。

头几天砍了几波人，工程进度还真快，后来民工就造反了，差点把太子都弄死。这就是典型的"懂业务的给不懂业务的下套"，那叫死得快！

2014年底我去上海，一大佬严肃地跟我说，现在是从银行业的时代转向到了资本市场的时代。你看人家美国，一炒股票啥事都没了，经济表现就一个字，牛。

当时也没太当回事。因为经过2007年的大行情，我的逻辑就是必须有足够的资金条件，才能发动一波像样的行情。眼前既没有量化宽松，也没有人民币升值，哪来的增量资金？！况且2007年股市的盘子和现在的根本比不了。

不是曾经有个基金经理说，给我一百亿元，我能把银行股打飞么？后来坊间评价异口同声，这哥们有病。2015年9月末都快花了一万亿了，也没把银行股打飞，老是在低估值板块徘徊。

所以那大佬说有行情，我也没太当回事，后来看到市场大力发展融资融券，再后来我才听说还有个叫HOMS系统①的，能无限放大配资②，我听着觉得，这也太恐怖了，非出事不可。所以我决定当回索罗斯，等待市场犯错以后再抄底。

老索是大鳄，咱只能算是个贫下中鳄，后来股市真"崩"了，而且速度之快，力度之大是我经过那么多次行情都没见过的。太凶悍了，真够邪乎的！

懂业务的给不懂业务的出损招，这是股灾犯的第一个错，恶性融资。

我不清楚这损招是不是那个被抓起来的双料博士出的，总之"大猫"是不懂业务的，被"敌国"的高管给忽悠了。后果就是从第一波反弹之后，没完没了地清理配资，涨2天跌5天，都快给折腾出"翔"了。

---

① HOMS系统：恒生HOMS系统是一款全托管模式金融投资平台，主要功能是可以将一个证券账户下的资金分配成若干独立的小单元进行单独的交易和核算，业内简称伞形分仓功能。它是以投资交易为核心并兼具资产管理、风险控制等相关功能的投资管理平台，是针对私募等中小型机构定制的轻量级资产管理实现方案。HOMS提供统一的Internet接入客户端，由恒生公司统一运营维护。（http://www.hundsun.com/homs/999.htm）

② 无限放大配资：先出一笔劣后资金，然后信托配优先资金，优先加劣后拿到银行1：3或者1：4地放大贷款。这些资金加起来等于放大了五六倍，再借给融资户按1：3或者1：4炒股，从融资户那儿收取质押的保证金以后，重复以上操作，就是这么罗圈式的放大。

这次股灾还有个特点,就是恶意做空,后来衍生出恶意做多、恶意观望等一系列不法行为。

期货公司的人都成了过街老鼠,人人喊打,弄得期货公司的一帮哥们都不敢出门。后来针对上述不法行为,管理层修改了无数次规则,最后做期货的那帮大老爷们等于一个个都给套上了低开衩的旗袍,彻底走不动道了。

咱仔细想想股市暴跌的交易过程。

假设做期指和有现货的是一伙的,这时如果期指和现货都跌停了,OK,那肯定是做空的期指发了。然后,现货放跌停没成交可以接着砸,也可以等反弹。当千股跌停的时候,亿万抛单封在跌停位置,多头根本无力做多,只有等到跌停、跌停、再跌停,市场买盘出现多空实力均衡的时候,才能开始反手做多,这时候期指的空头早就赚嗨了。

但假设股市没有涨跌停板呢?那现货就得继续下跌。如果跌到30%下方出现买盘,买盘会不会像抛盘一样追着往上打呢?能反弹多少咱无法确定,但这对于期指空方来说是个"不确定值",所以绝不会像现在有涨跌停板一样踏踏实实地玩命做空。

什么叫"确定值"？就好比国债一般涨跌不会超过1%，那我就敢1∶10的融资操作。

股市中，当空头的第一个跌停是确定值（10%），他就敢放大几倍地做空。但如果没有涨跌停限制，空头也就不敢随意放大做空的杠杆，因为无法判断涨跌幅度，就有可能爆仓，因此"空头"的收益就远不如有跌停的时候大。

我看微博上，还有小韭菜吵吵着要T+0。你想想，如果遇到千股跌停这种极端情况，刚买入的反手就又被扔到跌停板上，多头就更没法翻身了。

由此可见，涨跌停和股指期货是没法匹配的。成熟市场都有股指期货，但都没有涨跌停。我估计管理层肯定意识到了，也就给股指期货上了好多道紧箍咒，基本动不了了。

咱们A股是1996年底开始有的涨跌停，2010年才开的股指期货，所以交易制度上应该没有阴谋诡计。但是不是因为有了这个交易缺陷，才大力发展融资融券，给冲着"五星红旗"来的"阶级敌人"创造恶意做空的机会？那咱就不清楚了。开个玩笑！

这篇内容有点技术含量，你搞明白了么？

之前有个哥们问我，人民币升值股市涨，贬值股市跌，那人家日元贬值怎么日本股市还涨呢？

还有哥们问我，2015年9月中旬大家都坚决看空，你为什么敢坚决做多？当时遵循的什么逻辑？

这些问题咱留到后几篇再逐一论述，给你留个念想，一次说完就没劲了，你说是不是这个理儿！

本文发布日期：2015年10月13日

熔断：为何A股跌美股不跌

【幽灵说】熔断，实际上是给市场非理性交易的一个冷静思考的时间，比如说乌龙指或者假消息，市场真相大白之后就会迅速恢复。美股设定熔断规则之后，12年没有触发过熔断，可为什么我们大A股自从有了熔断，就天天要"断"？来听听老韭菜"幽灵"是怎么分析的！

今天（2016年1月7日）证监会宣布取消熔断，这是A股市场的一件大事，所以我们要来阐述熔断机制对市场的影响。

之前，咱们专门分析过造成股灾的一系列因素，其中涨跌停板+股指期货是一个重要原因，为什么涨跌停会加剧暴跌呢？

因为当下跌成为一个确定因素的时候，空方就会在确定的范围内加倍操作。这个意思就是当预计下跌13%的时候，那么空方就会在10%的跌停位置放大操作杠杆，这样的收益要远远大于做空13%的收益。因此我

们说"涨跌停板+股指期货"是做空套利的绝佳武器。

前一段股市拟推出熔断机制,我还以为要打开涨跌停呢。没曾想只是在涨跌停之间,加了两道阀门,这样岂不是更加剧了做空的动力?

这其实和上面的解释是一样的,还是假设下跌是13%,如果跌停限制在5%或者7%,那等于加大了做空成功的概率,筹码还不往熔断位置上狠砸?!

从上面的案例我们能够得出结论,人为设置的阀门,无论是5%、7%或者10%,都能够加剧下跌趋势。

如果去掉"阀门"会怎么样呢?咱们还是拿13%作为案例。

如果去掉涨跌停,这样就给空方增加了很多不确定性。大家都知道趋势是有惯性的,所以会有很多人去追"板"。同理,假设大盘跌幅超过

13%甚至更多,那么多方就会组织反攻,反攻很可能击穿空方的防线,让空头被动平仓。

在市场里,永远会有多头、空头和骑墙派三类,骑墙派永远是多数的。特别是在中国股市里,概念不清的投资新手占多数的情况下,倒戈也就变得相对得容易。这个从本次暴跌前的一系列行情走势就能得出结论。

事实上,人民币下跌是从2015年12月初开始的,很多大主力在主动减仓,比如招商银行(600036)、中国重工(601989)等系列的中字头企业都在被减之列。随之大盘的成交越来越少,未来下跌慢慢变成是一个很确定的事。但是一旦盘中保险、券商一动,市场又似乎"牛"了起来……

所以说,市场中绝大部分都是骑墙派,他们并不知道到底该倒向哪一方,其实这是全球股市共有的现象,只是中国股市更明显一些。

正是因为这些多数的"骑墙派"使得A股市场更容易被"一些观点、趋势"所控制,从而出现"暴跌的时候不讲理由、猛涨的时候又没有道理"……

上述事实说明,不设涨跌停这类门槛,就会给对方(无论是空方还是多方)以威胁,因此市场上也不会有过度的多或者过度的空,这从成熟市场的股市表现即可得出结论:即便是2008年金融危机,美国股市也没有A股跌得凶悍。

表面上，人为地设置涨跌幅，貌似风险能够控制，其实恰恰相反，所以 A 股总是比没有涨跌幅限制的其他市场波动剧烈，规则不科学或是一个非常重要的原因。

熔断，实际上是给市场非理性交易的一个冷静思考的时间，比如说乌龙指或者假消息，市场真相大白之后就会迅速恢复。但熔断规则不可能改变市场的趋势，这是一个很浅显的道理。因此，各国都把最后一档设定为 20%，也就是涨跌幅超过 20% 以后停止交易，这就等于给了多空双方较大的回旋余地。过度空或者过度多都很可能被对方爆仓。

所以，美股设定熔断规则之后，12 年没有触发过熔断，这就是一个成熟的市场，让市场自身去决策。

而我国最后一档设定为 7%，这种过度保护，实际上等于加剧波动。说白了就是当空的时候，等于加倍给予了空方获胜的筹码。

这样看似保护，实际是增加了波动，因此 4 天 4 次触发熔断，也就不奇怪了。

证监会顺应市场呼声，取消了2档熔断。但1月8日市场虽然早盘高开，随后依然出现快速下跌，这就说明熔断并不没有改变趋势，但取消熔断却给了多方反击的机会。

再有就是，创业板、主板、沪深300，这些板块的盘子大小差别很大，市场的活跃度也差别巨大，给予同样的熔断限制，我认为更加不科学。

文章发布日期：2016年1月7日

第二篇
复盘 2015 的 A 股市场

【提要】股市中,暴跌蕴藏风险,同时也带来机会。2015 年的几根代表性长阴线背后暗藏着怎样的玄机?"幽灵"在两次暴跌开始之前果断清仓,途中又三次精准"抄底",其中又蕴含着怎样的逻辑和胆量?

独此一家的纯干货,错过后悔一辈子!

无论是对内容感兴趣的,有问题的,或是希望看到我最新"言论"的,欢迎大家关注我的新浪微博"幽灵礼物"或"阿财金融秀",特别是微信公众号"幽灵玩股"(youlingwangu)。

你在股市投资中有困惑或者疑问,都可以发私信给我,典型的问题咱可以互相切磋,大家共同讨论!

下跌逻辑：央行"脱不了干系"

【幽灵说】2015年上证指数经历了从5178高点回落到3500点，全年下跌的逻辑在哪里？几根代表性长阴线背后又暗藏着怎样的玄机？逃顶是不是真的如想象中那么难？来听听老韭菜"幽灵"是怎么分析的！

复盘这个功课，我相信每个对自己投资负责的人都会做，但每个人的视角和观察范围不同，可能总结的经验也不同。

从2007年大行情大转折，我总结了很多的经验，其中人民币汇率和股市的关系，在2015年这个跌宕起伏的市场里起到了至关重要的作用，所以复盘非常得重要。

2015年的股市非常刺激，以至于像我这么有经验的老韭菜都为之惊叹。具体"刺激"表现在以下几个方面：

第一，下跌凌厉。下跌模式一旦开启，几乎就没有思考的余地，一路暴跌，连续跌停，这个特点让大家很郁闷。

第二，有很多以前没出现过的新动作。比如国家队救市，这个是A股历史上的头一遭，1.36万亿元救市在过去是闻所未闻。再一个就是清配资，5000亿元配资盘半个月内给清掉，每日尾盘暴跌，成为全球股市的一朵奇葩。

第三，融资盘疯狂。上涨期间1.8万亿元融资盘，这都不奇怪，奇怪的是有1万亿元资金使用HOMS这个无限放大系统。注意是无限放大系统，

把银行资金给彻底玩进去了……

鉴于这么多新特点、新鲜事,咱们有必要好好地把2015年复盘一下,找出里面涨跌的逻辑,很可能这是引导我们2016年抄底和做多的思维框架,所以要彻底整明白。

现在我们先从"长阴线的背后"说起。

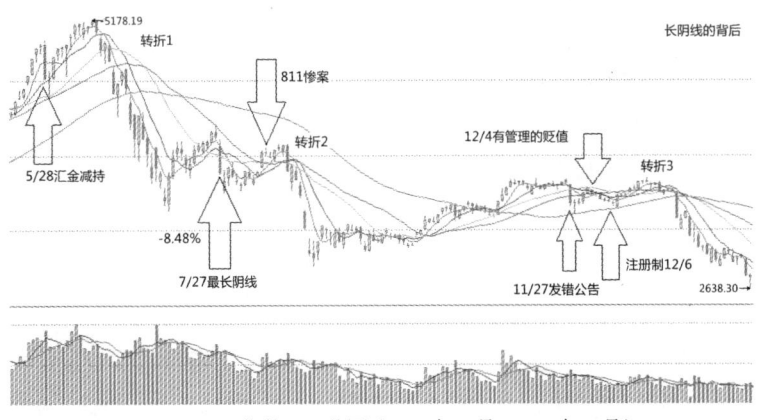

图2-1 上证指数日K线图(2015年5月—2016年1月)

图2-1是上证指数2015年5月—2016年1年的K线图。前面上涨部分就不讲了,咱们主要讲2015年5月以后的故事。从图2-1中可以看到几个比较有特点的长阴线。

一、长阴线A

2015年5月28日这根大阴线,12天后股市暴跌。长阴线A背后是汇金减持事件,解植春被免职,随后股市开启股灾模式(图2-1)。

中央汇金虽然是国务院直属,但手里持有大量的金融机构股权,这些股权都是从央行手里划过来的,因为金融机构不归国资委管,所以也被称之为金融国资委。

那么汇金的行为代表了谁?那肯定是央行了!所以说第一根阴线和央行有着直接的关系。

二、长阴线B

2015年7月27日这根史上最长的大阴线,跌幅达到8.48%,后面的暴跌途中虽然刷新了记录(跌幅达到8.49%),但这根阴线很有代表意义(图2-1)。

这根阴线之后13天,出现了人民币快速贬值,就是汇市上所说的8·11惨案。

但这一天股市还不错,金融股都比较平稳,反应最强的是航空股,成交快速放大。这天我清仓了所有的股票①。

---

① 说明:幽灵礼物2015年8月10日微博中表态道:"下半年要等,沪指3300,创业板1400,拿板凳死等。"(http://weibo.com/1590164511/CvaVs1XIb?from=page_1005051590164511_profile&wvr=6&mod=weibotime)

8月11日盘中再度提醒:"如果人民币稳定在传说中的贬值2%,后面还有得玩,如果没有明确的预期,那就暂时不能再玩了……"(http://weibo.com/1590164511/Cvkrv7frm?from=page_1005051590164511_profile&wvr=6&mod=weibotime)

紧跟着4天之后大盘快速暴跌千点，这次暴跌几乎连思考的时间都没有。从当时国航港股的表现看，其反应非常剧烈，当天就暴跌了12%。这就是成熟市场和新兴市场的差别。在我们的市场里，韭菜占了绝大多数，包括大多数机构庄家。

有很多小散说我是散户，说我1秒内就能清仓……但等你意识到问题的严重性，股票早已封死在跌停了。

这次我清仓，很多股友甚至我微信群里的绝大部分投资者还不太相信股市和人民币汇率的关系，因此大部分没有清仓，导致最后损失惨重。

这根阴线的起因是人民币贬值，同时导致了全球股市暴跌。所以其他国家股市的交易员管咱们A股叫神经病市场，这也是A股有史以来最有影响力的一次暴跌，央行又脱不了干系。

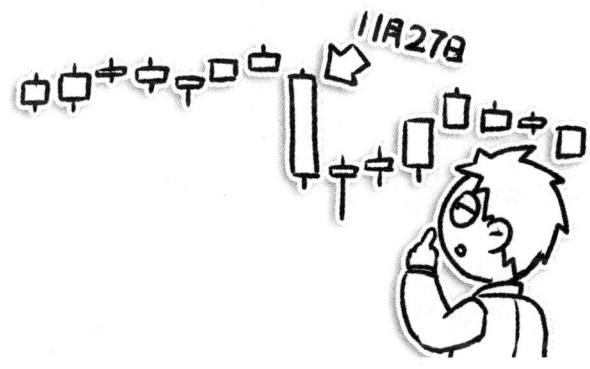

三、长阴线C

2015年11月27日这根大阴线（图2-1）。

这根阴线的起源是处罚海通和中信两家券商，然后两家券商紧急发布更正公告，说仅仅是内部整改。我说过，这件事给人一种感觉就是主管部门证监会和相关部门或者上级部门没配合好，所以急赤白脸地更正，从公告就能感觉出一种慌乱。

之后5天，人民币突破前低，开启有管理的贬值，缓慢到股市里丝毫没有反应。但汇市确实是一个大事件，市场中大家都在解读此事。就此我用了3天时间又全部清仓了①。没想到之后2天宣布注册制相关事宜。这更大的利空被证监会"不会快速发行"的问答给轻松化解了。

投资者只认趋势，不惧利空，稍微有资金控制一下盘面，这事就过去了。所以A股投资者很轻易地就被骗过去，让机构用将近一个月的时间从容出货。更可悲的是，此时，股市中的人们还在宝能、万科事件的纠结中乐观地展望牛市2016——大家恨红烧肉，挺油条哥，这都没什么！但把拥有这么多系统性风险的市场解读成牛市，让人感觉投资机构和财经媒体非常荒唐。

所以，有境外媒体说A股投资者素质低，大家都不服气。从今年这一系列事件就可以看出来，或许真的有点低，这从券商和财经媒体、从被套的私募和保险的操作就能看出来。

上述三根大阴线背后都有故事。

从一开始的暴跌就和央行有关，所以说股民都把暴跌的屎盆子扣到证监会头上，我认为纯属瞎扯淡。证监会只不过是个替别人顶雷的角色，如

---

① 说明：幽灵礼物2015年12月1日微博中写道："今日大盘两次反弹，我两次减仓，目前仓位非常低。盘面感觉似乎在掩盖一些东西，坚定了减仓的决心。"（http://weibo.com/1590164511/D6qJ395fb?from=page_1005051590164511_profile&wvr=6&mod=weibotime）

12月2日的微博继续提示："股票已经清的干干净净了，虽然回撤了不到10%。"（http://weibo.com/1590164511/D6ygCmyQs?from=page_1005051590164511_profile&wvr=6&mod=weibotime&type=comment）

果你没有认清下跌的本质,后面还得挨套。

我们再打开人民币CNY走势图看看(图2-2)。在人民币走势的历史上,还没有出现过两次这么接近的升值或者贬值行为,而且两次方式还完全不同。

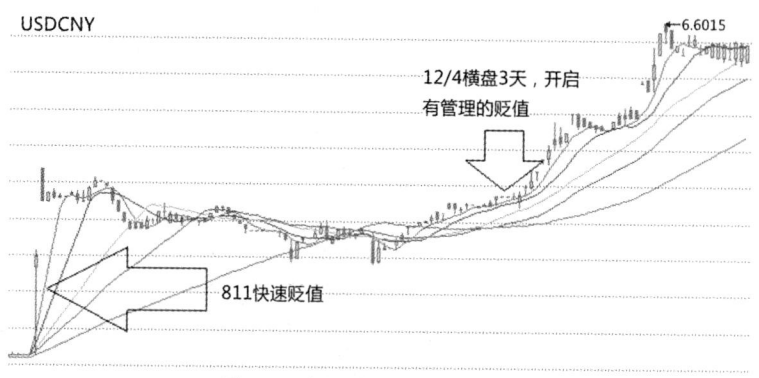

图2-2 人民币(CNY)走势图

为什么会出现这种情况呢?我们结合股灾、结合救市这一揽子事件就能够很清晰的判断出,是汇金出货引发了股灾。而股灾导致了人民币贬值计划的流产!最主要的是HOMS系统把大量的银行资金给套进股市里,造成巨大的金融风险。其中主要还是汇金控股的银行。所以央行不得不中断贬值,先清理配资,把银行风险解除,这样才有进一步的贬值行动。

所以2015年7月27日的这次暴跌,金融股齐刷刷跌停。这种强力的出货行为就是清配资和首次贬值的开始。一直到2015年11月末清配资结束,银行风险基本解除,于是才有第二次有管理的贬值。

至此,2015全年下跌的逻辑就完全清晰了。

从中我们可以得出结论,人民币汇率是贯穿股市下跌的核心,而且这个风险不解除,跌势难以扭转。

文章发布日期:2016年1月20日

抄底逻辑:管理层"担忧"了

【幽灵说】在股市里,暴跌蕴藏风险,同时也带来机会。2015年"幽灵"在两次暴跌开始之前果断清仓,途中又三次精准地"抄底",其中的逻辑和胆量引人深思。那究竟该如何捕捉抄底的信号呢?来听听老韭菜"幽灵"是怎么分析的!

上一篇,从阴线背后的故事,我们看清了暴跌背后的逻辑,这篇我们来说说"抄底"的逻辑和胆量。

昨天(2016年1月20日)看到"幽灵玩股"群里的投资者,2015年收益106%,非常好。因为他2015年6月份以后一直空仓。管住了自己的手,看不懂就不做,所以能保住全部收益,这实际是心理上的胜利。绝大部分人自视高明,高抛低吸闪展腾挪,最后被拍死在沙滩上,其中不乏号称有经验的老手和机构。

我呢,本来是想抄个底做个短线。

因为2015年3月以后,对我这种左侧爱好者基本就没什么可选的股票了,当时就买了点国航。谁曾想一下经历这么多"故事",也算是不幸中的万幸了。

2015年我做过3次抄底,第三次一直到12月4号清仓,就再也没动过,也算是刀口舔血吧,如图2-3所示。

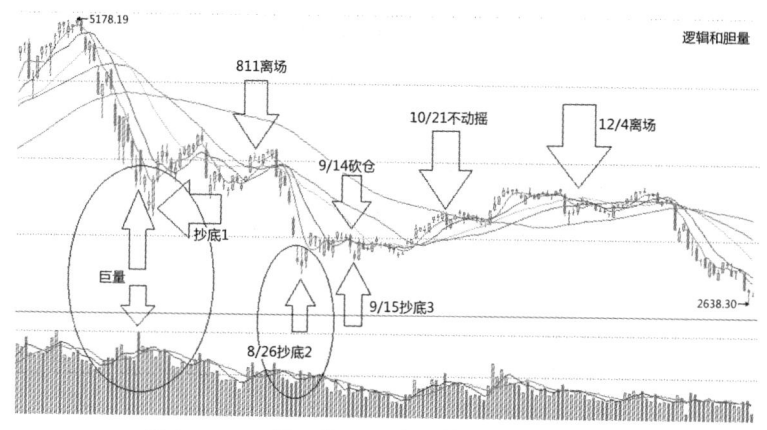

图 2-3 2015 年 5 月—2016 年 1 月上证综指日 K 线图

第一次抄底：2015 年 6 月股灾，7 月 9 日抄底。

这次抄底的逻辑是主管层"慌"了。主管层"慌"了咱们就不慌了。因为大量银行资金扣在里面，救市是救银行而不是救股民，是必须要做的，所以可以放心等国家队进场。很多人那时完全慌了，在暴跌途中一路割肉，最多的是割在地板上的，这是因为接近地板的时候才能打开跌停出去。

2015 年 7 月 9 日抄底，技术面上 7 月 7 日能看到明显有场外资金进场，放出巨量，但没有把所有股票的跌停打开，到底部 3373 点前一天也就是 7 月 8 号，跌停几乎全部打开，就等一个多头信号。

所以我在 7 月 9 号凌晨发微博抄底。有简单清晰的逻辑，有明显的技术特征，这次我一把就挽回了所有的损失。

第二次：千点暴跌过后，就是2015年8月26号。

央行和国务院领导在公开场合承诺"人民币不会形成贬值趋势"，这是二次抄底的大逻辑。这么高级别领导人的承诺，我们没理由不相信。即便不是长期承诺，但一段时间内是肯定能实现的。

从技术面上看，股市再次放量，所以我抄底时机拿捏得很准确。这是我从西藏归来马不停蹄干的第一件事，也在微博和群里公布过。此时的投资者，绝大部分还惊魂未定。

媒体在8·11贬值初期几乎没什么报道，而暴跌过后却一片质疑，满屏都是人民币汇率问题，不过这时候已经是马后炮了。

第三次：2015年9月14日暴跌，次日进场。

在第三次抄底之前的一段时间，清配资的事开始明朗，经常在下午2点开始放量暴跌，然后国家队进场拉指数。清配资的逻辑就是"清配资要在安全线之上清，到安全线之下那就叫清仓了"。所以，才要护盘。

那么底线是多少？肯定是短期最低点2850之上一线，加上一个缓冲区域，基本就是3000点。3000点是短期底，这个话有相关负责人说过，印象中好像是发改委某个官员。

9月14日再次出现暴跌，我这天在跌停上割肉，次日大盘跌到3000点，我又在跌停进场，这个操作的逻辑就是料定3000点是底线，所以才敢于做一出一进的动作。

这个动作必须有很清晰的逻辑认知，同时还需要胆量。

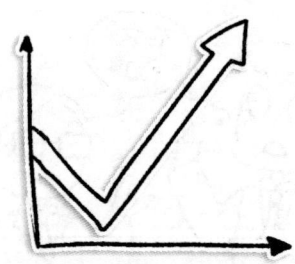

总结下来，其实这3次抄底的逻辑很简单，一般人都能理解，但需要细致的盘面观察，然后最最重要的是要有胆量。

以前我做过拓展训练，有个项目叫高空跨越，就是在高空从80厘米左右两个板之间跨过去。

这个动作要是在平地上所有人都能轻松做到，但把两块板放到10米高之上，绝大多数人就两腿哆嗦不敢伸腿了，这就是环境变化对人的干扰，很难克服。

股市里的胆量怎么培养？那就要认真总结每一次操作的得失，成功的经验多，自然胆子就肥了。

这几天（2016年1月16日前后）的股市我为什么不抄底？

第一，股市还没有"落地"的逻辑。

第二，没有明显的场外资金进场的特征。所以是自救型的上涨，这种上涨极大的概率会演变成拉高出货，所以没价值。

不要小看"量在价先行"这句简单的话。每个字都有明确的意思，就是要先放量后上涨，那样的反弹才相对安全。

文章发布日期：2016年1月21日

判断逻辑：无人能与系统风险对抗

【幽灵说】股市的"对与错"，其实就是对后市的判断。这个话题永远都是多空双方互相掐架的主题。从2015年对市场判断的"对与错"，我们能吸取哪些经验？面对系统性风险又该做些什么？"复盘2015"收官之作，来听听老韭菜"幽灵"是怎么分析的！

前面两部分，我们讨论了2015年"下跌逻辑"和"抄底逻辑"。那有哥们就问了，2015年10月21日还有个大阴线，看你发微博说仓位丝毫没动，为什么？

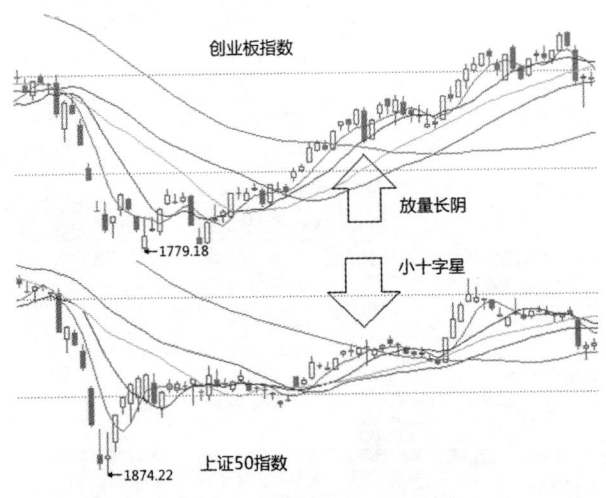

图2-4　创业板和上证50日K线图

那天跌得也够厉害的，两市近600个个股跌停。那根大阴线背后有什么故事吗？那下面我就说说这根阴线我没有减仓的逻辑。

图2-4就是10月21号大阴线。我们看到上证、创业板都是长阴。但咱们再看看上证50，仅仅是一个十字星。我之前说过，投资者分为四类：第一类是汇金，第二类是券商、基金，第三类是场内机构，第四类是广大投资者。

上证50集中了沪市主要的蓝筹股，特别是金融机构。那天这些股没有表现出明显的减仓特征。那么，我们就可以认为第一类机构没有减仓，股市稳定的基石还存在，因此没必要恐惧。另外，既然第一类机构没有减仓，那就可以认为是市场自然的调整，没有特别的意义，后来证明这一判断是正确的。

下面咱们再说复盘2015的最后一个话题——对与错。

这里说的"对与错"，其实就是对后市的判断。这个话题永远都是多空双方互相掐架的主题。从微博掐到微信，从群里掐到私聊，一直没停过。

咱"幽灵玩股"一直想往娱乐圈发展，但本着对投资者负责的态度，在关键的市场判断上绝不敢马虎，所以一直也没娱乐起来，只能默默地做着贡献。

但个别人可不像我们这么严肃，有的是挂着首席的名头，干着娱乐圈的勾当——整天胡说八道害死很多小散户。还有的是个别人气大V，一涨就已经加仓,一跌就已经补仓,也不知道到底有多少仓位,多少现金?我觉得这都是很不严肃的。

后来我才明白其中的"奥秘"!因为股灾期间,我发的帖子比较专业,所以那一段就增加了好几千的粉丝……后来有合作机构找到我,说我发微博能分钱,一条300元到500元……我觉得这事不光能玩,还能挣钱,特别是一条还挣不少钱,于是就愉快地同意了。但结果是答应了没多久,股灾过去了,粉丝也就不涨了,最后一分钱没捞着。但我没捞着不一定别人得不着,对吧?!

说远了,咱们再扯回来。为了说明"对与错",我先举几个例子,来说明问题。

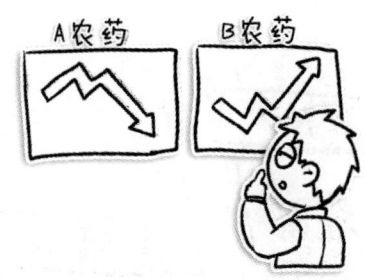

第一个例子:A、B农药上市公司。

A农药没庄,是个绩优股,B农药有庄,是个垃圾股。当国家宣布史上最严的环保政策之后,A农药的投资者纷纷砍仓割肉,A农药于是就爆跌了。

B农药当天走出个深V走势后,继续拉高,几天之后投资者就把环保的事淡忘了。当环保部门勒令B农药停业整改的时候,B农药连续跌停。损失比A农药的投资者大多了。

从这个例子你自己做个判断,有庄的股一定就好吗?

第二个例子:港股国航、A股国航的走势比较。

图2-5是港股国航和A股国航在8·11那段的走势图。

其中,咱们可以清晰地看到,港股国航在人民币快速贬值那天,也就

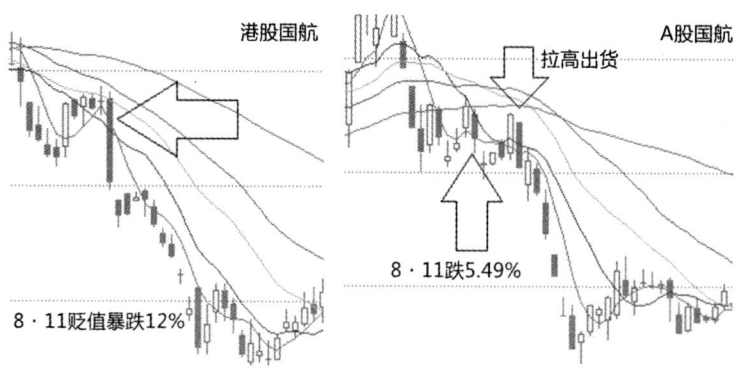

图 2-5　港股国航和 A 股国航的日 K 线图

是 8·11 是暴跌了 12%，随后跌势趋缓。同期 A 股国航放量下跌，不过跌幅不到 6%，并随 A 股企稳后形成反弹，并收出长阳线，然后再突然转折后暴跌。这种情况和上面农药的案例非常类似。

从上述两个案例我们就能看出来，相信基本面的投资者比相信趋势的投资者损失明显要小得多，因为他们把系统风险放在第一位。

咱们再拿人民币贬值这件事来做说明。

因为人民币贬值对股市的影响不像加息、提准那么直白，所以每次暴跌都滞后那么一段。

第一次人民币快速贬值，过了 8 天并形成小幅的上攻，然后突然下挫。其中，有明显的趋势操作和拉高出货的痕迹，1000 点的快速暴跌让投资者损失惨重。

第二次人民币不是快速贬值，而是"有管理的贬值"。中间穿插了保险公司收购万科举牌等一系列事件，大家就彻底把人民币贬值这事给"淡忘"了。还有自作聪明的人拿日本欧洲股市做比较，做出了贬值有利于 A 股上涨，并会形成牛市的判断，说这次就是贬值牛。大伙都被懵在里面……

直到元旦过后实施"熔断"，这才恍然大悟，不过此时已是悔之晚矣！

举了这么多例子，那么怎么做才是正确的呢。

当市场出现类似于人民币贬值这种系统风险的时候，应该第一时间选择"出逃"才是正确的做法。因为没有人可以和系统风险对抗。无论你有多强的实力，无论是机构庄家、还是保险公司，在系统风险面前都是不堪一击的。

你要说你能抖个机灵，在趋势变坏前的一刹那撤退，那都是不可能实现的远大理想。偶尔能逃脱纯属运气，试想如果主力花费重金做出向上拉升的上涨动作，他能让你先跑了吗？

我以前总结过，一轮行情过后有4种结果：

一是赚钱还能总结经验的，这是完美收官咱就不说了。

二是赚钱没有总结经验的，这种在2015年股市里非常多，有的是在股灾时候都没被消灭，但是在后面8·20惨案或者最后这一波给消灭的。

三是亏钱了但能总结经验的，这种在咱们"幽灵玩股"群里有很多。在第一次人民币贬值的时候，大家不知道汇率和股市的关系所以没躲过去，但第二次很多人都躲过去了，这就是总结了经验的成果。

四是又亏钱又没总结经验的，这种咱们就不提了，但在股市里是绝大多数，就是7亏2平1赢里的7，所以是绝大多数。

所以，我希望更多的股友能够力争能做到第一种人，大家皆大欢喜。

最后咱们套用马云那句话做咱们复盘2015的结束语，那就是"梦想是一定要有的，万一实现了呢"。

文章发布日期：2016年1月25日

第三篇
A股的涨跌与汇率战

【提要】2015年,中国资本市场经历了股市、汇市的大幅波动。但为什么日本、欧盟也是本币贬值,他们的股市却上涨;而人民币贬值,A股就是暴跌呢?2015"股灾"与人民币汇率变动之间到底有何因果关系?

独此一家的纯干货,错过后悔一辈子!

无论是对内容感兴趣的,有问题的,或是希望看到我最新"言论"的,欢迎大家关注我的新浪微博"幽灵礼物"或"阿财金融秀",特别是微信公众号"幽灵玩股"(youlingwangu)。

你在股市投资中有困惑或者疑问,都可以发私信给我,典型的问题咱可以互相切磋,大家共同讨论!

在岸人民币突破 6.4 底线

【幽灵说】中国资本市场经历了股市、汇市的大幅波动，大批投资者在极短的时间内遭遇重创。作为一棵股市中的老韭菜，相关市场波动对于股市的影响还是必须要清楚的，来听听"幽灵"是怎么分析的！

由于近期汇市剧烈波动，很可能影响到股市，所以咱们也来讲讲货币市场对股市的影响。

虽然我对外汇不很精通，但作为一棵股市中的老韭菜，相关市场波动对于股市的影响还是必须要清楚的。

周四（2015 年 12 月 3 日）和周五（2015 年 12 月 4 日）这两天，外汇市场发生了剧烈的波动，从而导致欧美股市也出现了剧震。与此同时，人民币在周五（2015 年 12 月 4 日）尾盘同样出现了超出预期的剧烈波动，这些波动会不会影响股市呢？咱们把这些事的前因后果摆一摆，推断一下可能出现的结果。

话说周四（2015 年 12 月 3 日）英国金融时报摆了个大乌龙，这是怎么回事呢？

在欧洲央行宣布利率政策前的 7 分钟，金融时报发布消息，称欧洲央行将维持利率不变。随后欧元就出现了大幅上涨。7 分钟之后，欧洲央行行长吉拉德宣布，欧洲央行存款利率下调 10 个基点……欧元在短暂回落之后再次飙升，当日欧元爆涨 2%。这个涨幅在外汇市场算是超大的波动

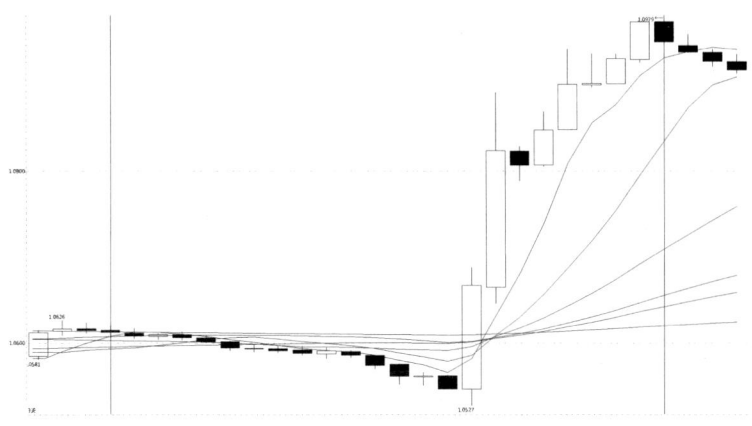

图 3-1 欧元兑美元汇率 2015 年 12 月 3 日 1 小时图

了（图 3-1），很多欧元空头瞬间就因此被打爆仓了。

与此同时，美元也出现了同样的剧烈震荡。消息发布后美元指数暴跌，创了近期的最大跌幅。

受外汇市场影响，欧洲主要股市都出现暴跌，德国 DAX 指数跌幅超过了 3%，道琼斯大跌了 1.42%。

第二天周五（2015 年 12 月 4 日），美国非农数据出炉，欧元小幅回落美元小幅反弹，但是美股出现了强劲反弹，涨幅完全覆盖了头天的跌幅。而相反的是欧洲股市反应平淡，仅仅是在消息发布后跌幅收窄。

为什么这两个资本市场的差距会这么大呢？这得从两地央行的策略说起。

首先说美联储。关于美元加息的事已经吵吵了两年了，市场基本淡化了美元加息的影响。无论美联储加还是不加，只要幅度不太离谱市场基本都能够承受，这是一种主动管理市场预期的能力。

而欧元则不同。在 1 个月之前，欧洲央行行长吉拉德还曾经表态说，欧洲央行将继续维持宽松的货币政策，誓将欧元 QE 进行到底，这是市场对欧洲央行表态的理解。而周四（2015 年 12 月 3 日）突然宣布不降息或者降息 10 个基点，与市场预期差距太大，所以欧洲金融市场才会反应剧烈。

由于欧美两地的经济背景不同、市场不同，所以央行表态的策略应该会有所差异，但两种方式也就导致了两种截然不同结果。

回头再看人民币。自从加入SDR①之后，市场最为关注的就是人民币会不会贬值，但是官方表态始终是含糊其辞。之前，我就说了，易纲的表态是"不会持续贬值"，这与8·11惨案②的表态完全不同，这是一个非常含糊其辞的说法。最最讨厌的是不少经济学家纷纷替央行站台，明确表示人民币不会贬值，这样就给了市场一个明确的人民币不会贬值的预期。

但人民币表现怎么样呢？从上周一（2015年11月30日）开始在岸人民币③一直就在6.4关口徘徊（我清仓那天已经是第三天了④），这个价格是8·11惨案的底线。在周四（2015年12月3日）美元暴跌之后，按说人民币是盯住美元的货币，在美元暴跌后理应大幅上涨。但周五（2015年12月4日）高开之后，一路走低，特别是收盘前15分钟巨量突破6.4的底线，触发了大量的止损盘砍仓，导致在岸人民币一度跌倒6.412，最后收在6.4020，成交超过平时的2倍（图3-2）。有市场人士管这叫人民币进入了"有管理的贬值通道"，贬值已经开始（图3-3）。

大家都知道，在岸人民币是央行干预的人民币市场。出现这种巨量突破底线的事情，绝不可能是压力测试。外汇收盘是下午4:30，股市收盘是下午3点，尽管周五（2015年12月4日）的二级市场跌幅不太大，但是金融股全天表现疲软。中行、工行的跌幅几乎吞没了周四（2015年12月3日）全天的涨幅，招行更是跌到一周的低点，对汇率最敏感的三大航空公司跌

---

① SDR：特别提款权（Special Drawing Right, SDR），最早发行于1969年，是国际货币基金组织根据会员国认缴的份额分配的，可用于偿还国际货币基金组织债务、弥补会员国政府之间国际收支逆差的一种账面资产。其价值目前由美元、欧元、人民币、日元和英镑组成的一篮子储备货币决定。
② 说明：汇市都管8·11汇改叫8·11惨案，因为那天干死很多的人民币多头。
③ 在岸人民币：人民币在岸业务是指在中国境内经营人民币的存放款业务。
④ 说明：幽灵礼物在2015年11月27日的微博中写道："今日暴跌，原本券商事并不可怕，但午后海through未停牌曝光，令跌幅扩大，实际可能的利空还有周一新股，全周冻结1万亿资金，如今市值配售，对增量资金是个考验。今日盘面，蓝筹股跌幅巨大，应该引起警觉，如果没有什么系统性风险，下周应该先抑后扬。今日做了技术回避动作，如无系统性风险，下周择机进场。"

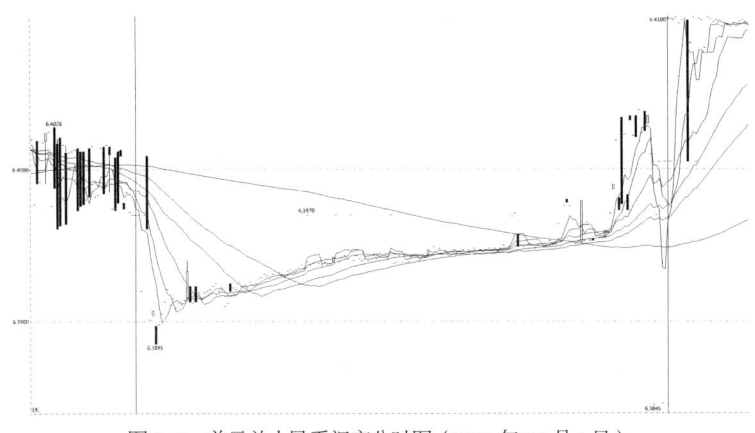

图 3-2　美元兑人民币汇率分时图（2015 年 12 月 4 日）

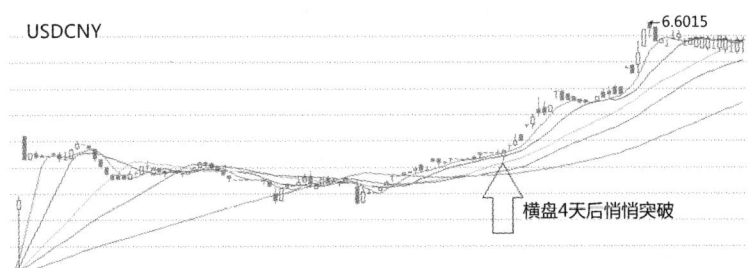

图 3-3　在岸美元兑人民币汇率日线图（2015 年 8 月 11 日—2016 年 1 月 26 日）

幅都超过 3%。港股由于收盘时间是下午 4 点，因此国航港股收盘暴跌 5%，此时离在岸人民币暴跌还差 15 分钟，这时间好像都是算好的一样。

至于为什么在岸人民币选择在周五（2015 年 12 月 4 日）突破底线，这点我觉得很好理解。

周四（2015 年 12 月 3 日）早盘美元指数一直在 100 点上方，这时的离岸人民币已经突破了 8·11 惨案的底线 6.4506，一度高达 6.4540，但在岸人民币始终被摁在 6.4 之下。在美元大幅下跌以后，在岸人民币选择贬值，抛压明显要比美元高位的时候小很多，这是一个非常难得的贬值时机。

之前，我曾讲过 2015 年 8 月份人民币贬值（图 3-4），惊出我一身冷汗。

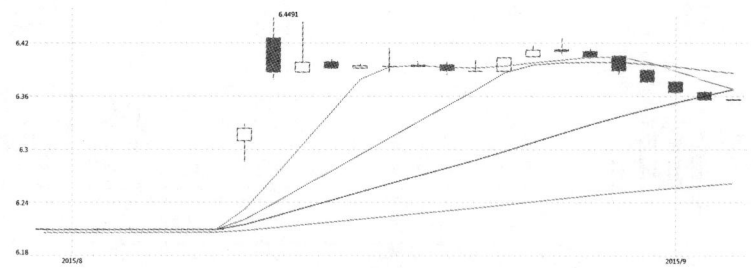

图 3-4 美元兑人民币汇率日线图（2015 年 8 月）

但即便是这么惊悚，二级市场投资者对汇率还是不够敏感。8·11 惨案以后，二级市场是在 7 天之后才暴跌，周五（2015 年 12 月 4 日）下午创业板一拉，大家立马无视各种系统风险，一片跃跃欲试的大牛市气氛。

对此，作为一棵老韭菜，我表示非常的无奈！

文章发布日期：2015 年 12 月 7 日

货币贬值　股市涨跌不一

【幽灵说】日本、欧盟也是本币贬值，但在那些国家为什么表现为股市上涨；而人民币贬值，我大A就是暴跌呢？来听听老韭菜"幽灵"是怎么分析的！

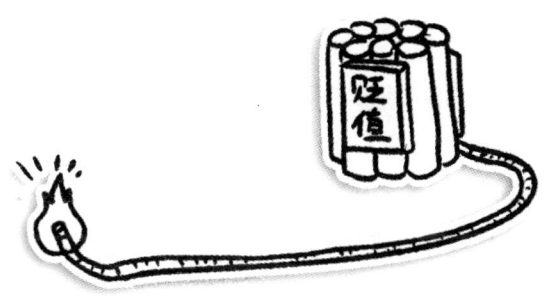

关于人民币汇率，有一个大家都非常困惑的问题就是，日本、欧盟也是本币贬值，但在那些国家为什么表现为股市上涨，而到我大A就是暴跌呢？

这个问题我在公开资料里没有找到正确的解读。过去我一直试图从行情和股市的关系里找答案，但始终没有结果，不过我换了一个角度看这件事，一下就顿悟了。

在有行情的时候，大家都愿意选什么股票呢？毫无疑问是创业板、题材类的股票。因为这类股票涨得快、收益大，所以都愿意炒。但要没行情或者弱行情的时候？大家就会选择分红好走势稳定的蓝筹股，即便是2015年下半年这么猴性的A股，蓝筹总体还是比较稳定的。

日本乃至7国集团都是发达市场国家，经济稳定市场占有率高，他们更像股市里的蓝筹股。

中国经济总量大，但为什么还被称为新兴市场国家，因为我们的经济波动太大，市场稳定性差，国际市场占有率低。我们尽管总量很大，但质量偏低，所以我们A股市场更像个创业板股票。

当经济处于景气周期的时候,以我国为首的新兴市场国家的增长率高,资产收益率高,涨势强劲,这种状态吸引大量国际资本流入套利。而当经济处于弱周期的时候,新兴市场国家则波动剧烈,资本介入的风险大。

因此,在目前弱周期状态,同样是本币贬值,资本会选择发达经济体,而流出新兴市场国家,这个时候稳定更有吸引力。资本净流入的国家,股市就表现得更强劲。

2015下半年的数据表明,日本是亚洲资本净流入最多的国家,而中国是亚洲资本净流出最多的国家。在人民币相对稳定的时段,这种状态表现得不明显。而当人民币贬值的时候,资本就表现为加速流出。这就是为什么去年8月以后,外汇储备出现急速减少的原因。

人民币贬值是因,资本流出是果,而资本流出才是股市真正下跌的根源。

如果人民币贬值资本没流出,而是一如既往地流入,那股市还是会涨的。在2008年股市暴跌的时候,人民币一直处于升值状态。有人问,那时候为什么股市暴跌?是因为那时候美国次贷危机去杠杆,国际资本(也就是流入新兴市场的低利率杠杆资金)都回流美国救火去了,没心情在外面套利,资本快速流出,A股也跟着暴跌了!

2014年10月到2015年3月,人民币温和贬值小幅流出,对于低估值小幅上涨的股市影响不大。但到去年下半年,特别是8·11人民币快速贬值造成大量资本流出,对高估值的股市产生了剧烈影响,并且一直影响到现在。

至此,A股2015年下半年走势的逻辑,就全部说完了,这个逻辑很重要,一般较大级别的行情,都跟资本的流入流出有关,所以这个经验一定要深刻理解。

文章发布日期:2016年1月21日

外币负利率 对 A 股的传导效应

【幽灵说】由于汇率的波动会影响股市，一直以来，"幽灵"都十分关注货币市场对股市的影响。日元实施负利率会使得国内经济产生哪些变动？关注汇率起伏对理解股市涨跌逻辑有什么帮助？来听听老韭菜"幽灵"是怎么分析的！

自从 2015 年年底刀枪入库之后，我才有功夫仔细琢磨咱大 A 股行情的因果关系。基本上，从人民币汇率走势这一张图上就都能看明白 2015 年全年我们股市的涨跌逻辑（图 3-5）。

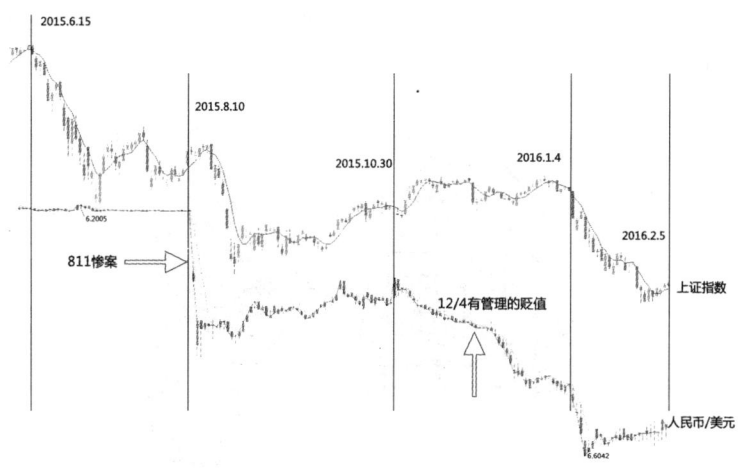

图 3-5 美元兑人民币汇率周 K 线图（2015 年）

自打明白了这些原理之后,我对股票关注得少了,对汇率关注得多了。虽然钱都是从股市上挣的,但汇率决定了股市的风险和机会。

果不其然,近来外汇市场事还真多。其实"故事"从老索在达沃斯上宣布,做空亚洲的各国货币之前早就已经开始了。

2015年12月3日,伦敦金融时报摆一个大乌龙,宣告故事的开始,那件事我在幽灵玩股的节目里说过(参见本书"在岸人民币突破6.4底线")。

当日,欧洲央行宣布的利率政策不及市场宽松的预期,欧元随即来个长阳线,美元暴跌。

第二天,人民币就悄悄地开启了有管理的贬值。一路地小步快跑往下出溜,在跌到2015年12月20日左右盘整了一段时间。但从16年元旦过后就开始快速下跌,离岸人民币更是跌势汹涌,配合着牛气闪闪的股市熔断机制,可谓是刀刀见血,汇率和股市一样惨不忍睹。

2016年1月7日,央行集中火力对香港的离岸空头进行了一系列的围剿,切断流动性,提高隔夜拆阶利率,大手笔买入人民币,才算让离岸空头暂时消停了一段。

眼看着就要到了咱们传统的新春佳节了,汇市又开始动荡。

先是1月21日欧洲央行决定维持欧元区隔夜存款利率 -0.30% 不变,这一宽松货币政策符合市场预期,随后欧元下跌,股市止跌。

紧跟着没几天,日本央行又放大招,宣布实施负利率,将利率下调到 -0.1%。虽然是有条件、有针对性,但依然让市场大跌眼镜。很多投资者,在这个什么都跌的日子,把日元当成了避险货币重仓持有。结果这一刀给砍得不轻。估摸着心里指不定怎么恨哪!

而那些春节长假就要去日本买电饭煲、马桶盖的游客呢,哈哈哈。

咱们再把目光转回到股市,虽然没什么劲,但还是不得不说。

全球股市在2016年录得最惨烈的开局。虽然说人民币贬值算不上是主谋,但是多少跟咱有点关系。其中月线表现港股最惨,A股次之。这和人民币离岸市场和港币遭到空头狙击有直接相关。

在21号欧洲央行宣布了利率政策之后,港股随国际市场企稳,而A股仍然"跌跌不休",直到日本央行的负利率出来以后,陆港两地都随即跟随亚太市场企稳,收出中阳线。中阳之后,有抄底人士得意洋洋,没买的也跃跃欲试。

这2016年春节前的红包到底抢还是不抢?

咱先不论操作对和错,先说个多年前长假期间的故事。

2008年十一长假期间,伦铜突然出现罕见的暴跌,正在世界各地度假的期货大佬们一个个是措手不及,捶胸顿足。待假期结束,上海商品交易所开市后,那沪铜是毫无悬念地出现了连续跌停,一片尸横遍野。其中有个湛江的庞姓大佬因为爆仓最后跳楼了。在这个血淋淋的教训之后,很多人在长假都不敢持仓了。

这里我提个醒,今年春节期间港股是2月8、9、10三天休市,而我们的假期是从7号一直到13号。要说在往常这种担心没太大的必要,但2016年确实有点不一样,我只能帮大家到这儿了。

另外还有个事,可能大家都没注意,一个特别小的消息。美国有个外汇经纪公司叫"福汇",这几天停止了所有港币的交易,还限制离岸人民币兑美元的仓位。据知情人士透露,"福汇"之所以这么做,主要是出于对未来几周港币和离岸人民币市场可能出现的动荡,以及流动性紧张的担忧。据说"福汇"这哥们,在2015年1月15日在瑞士央行允许瑞郎兑欧元自由浮动后,惨遭重创,损失了2亿多美元。所以今年长记性了,尤其是在这硝烟弥漫的日子档口。

从盘面表现看,A股周五(1月29日)略微有所放量,但沪市1800亿元的成交,远不足以形成强有力的反弹。下周(2月1日起)没几个交易日就放假了,主力即使被套应该也想过个踏实年,所以后面我就不说了……

咱再看港股,成交表现也很差。欧洲股市也反弹了,但也是感觉很虚弱的样子。咱们放眼全球股市，表现最好的要数美股了，三大股指的反弹有量有力。同时受日元负利率政策的影响，美元指数也强劲攀升，周五（1月29日）大涨0.9%，收于99.5050点，接近1月的最高点。

但美元大涨对人民币不是什么好事。因为直接导致了人民币贬值压力的大增，同时日元贬值，对我国的出口换汇形成进一步压制。这是因为，中国是日本的第一大贸易伙伴，日本是中国的第二大贸易伙伴。在目前美元短缺，资本外流形式严峻的情况下，人民币汇率真可谓是"亚历山大"。尤其是长假临近，人民币空头要是在假日期间对离岸市场发动攻击，好多事儿可能就不爽了！

得，今儿咱就说到这。

文章发布日期：2016年1月31日

"股灾"就为应对汇率战

【幽灵说】年初,"大鳄索罗斯唱空中国"的言论闹得沸沸扬扬。索罗斯究竟在达沃斯说了什么?曾经索罗斯做空亚洲货币的手段是怎样的?如今所谓的做空人民币对中国股市又意味着什么?来听听老韭菜"幽灵"是怎么分析的!

这期内容,特别建议大家好好看看。这是一个做空某一品种的常用手法,其中也有很多我们过去不知道的细节,可以借鉴的东西很多。

索罗斯来了,悄没声。当他在达沃斯宣布做空亚洲货币的时候,我们已经遭受了两轮攻击。一轮是人民币离岸市场,一轮是港币。

当新华社、人民日报向全国人民宣誓,一定要严惩做空凶手的时候,其实作为一个小股民,最需要知道的是,索罗斯都做了哪些事?埋伏得有多深?可能对我们造成什么伤害?

其实，在2015年7月份股灾的时候，公安部副部长带队介入"做空股市的调查"，当时我就有很多疑惑？！尤其是"恶意做空"这句话一直被网友做出各种版本的衍生品——什么恶意做多、恶意持仓、恶意接盘等等吧。我当时和大家一样，觉得有关部门过于小题大做了。毕竟做空是法律允许的合理对冲机制，恶意从何理解呢？

另外一个就是"大规模地封堵和查抄地下钱庄"。在之前很多年，甚至可以追溯到赖昌星走私的那些年，也都有过查处地下钱庄的事，但没有一次像现在这么穷追猛打，我都有点震撼了。不过那会儿更多的是把这些事和反腐联系起来，没有想到今天的布局。

现如今大鳄索罗斯来了，而且公开向亚洲各国的央行再次叫板，说他做空了亚洲各国的货币。那么2015年7月之后，央行以及证监会联手公安部执行的一系列的重大行动，就都有了比较清晰的轮廓——2015下半年的各种重大操作，也许就是为了应对今天即将开打的金融战！

早在2015年7月，看宋鸿兵老师的《鸿观》节目，有一期是股灾刚刚发生后录制的题为"股市暴跌背后的猎手账户"。其中，否定了索罗斯操作的几个理由：

其一，2015年7月A股的股灾，没有外汇市场的联动；

其二，没有大造舆论声势，特别是没有集中出现唱衰中国经济的现象；

其三，没有和港股联动，所以基本排除了索罗斯作案的可能性。

但具体是不是这样呢？咱们回顾一下当年的情况。

索罗斯当年有个助手叫罗德里·琼斯（Rodney Jones），在他的回忆录中是这样记录的。

他们在 1997 年 1 月之前一直对泰国进行调研。特别针对股市、房地产市场、外汇储备情况进行了细致的调研。结果是，房地产市场外债高企、资产泡沫严重、股市低迷，最重要的一点也是琼斯的回忆里没有提到的：当年的美元指数和今天一样一路飙升（图 3-6），美元正处于一个回流美国的大潮之中。索罗斯们正是抓住这个时机，提前 6 个月做了精细的准备，逐步建立起了空头仓位，并从 1997 年 1 月开始对泰铢发起进攻。

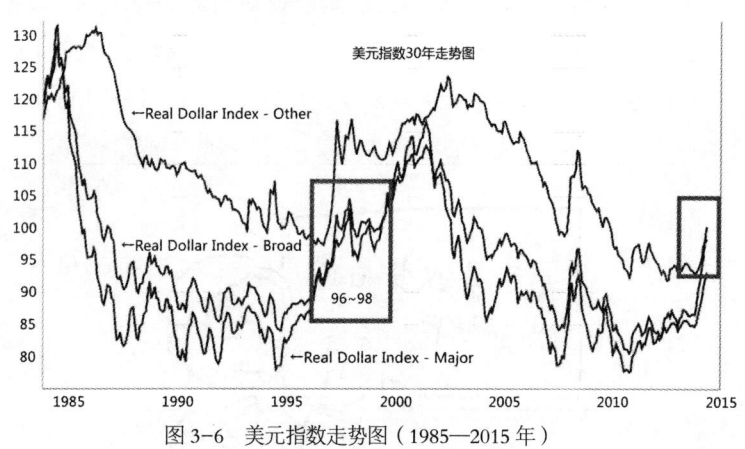

图 3-6　美元指数走势图（1985—2015 年）

索罗斯团队与其联合体一开始就是猛烈抛售泰铢，造成泰铢汇率直线下跌。当时，泰铢实行的是"固定汇率制"①。

面对索罗斯们的攻击，泰国央行首次入市干预就动用了 120 亿美元吸纳泰铢。泰国央行一方面禁止本地银行拆借泰铢给离岸投机者，另一方面大幅提高拆借利率。在放出三管齐下的大招之后，泰铢汇率暂时保持了稳定。

---

① 固定汇率制：指一国货币与另一国家货币的兑换比率基本固定的汇率。固定汇率并非汇率完全固定不动，而是围绕一个相对固定价格的上下限范围波动。

泰铢汇率开始暴跌之后，资金大量流出泰国，泰国开始了严格的资本管制。

1997年6月份，索罗斯们再度向泰铢发起致命冲击，泰国央行只得退防，因为仅有的300亿美元外汇储备此时已经弹尽粮绝。6月30日，泰国总理在电视上向外界保证："泰铢不会贬值，我们将让那些投机分子血本无归。"不过两天之后，泰国央行被迫宣布放弃固定汇率制，实行浮动汇率制[①]，说白了就是爱怎么着就怎么着了。当天泰铢重挫20%，随后泰国央行行长宣布辞职。1997年8月5日，泰国央行决定关闭42家金融机构，至此泰铢陷入全面崩溃，索罗斯对泰铢的攻击大获全胜。

从上述的案例中我们看到，索罗斯攻击泰铢有几个特点：

首先，索罗斯攻击有三个前提条件。

一、泰国的资产泡沫严重，外债高企，特别是房地产市场债务压力巨大。

二、美元利率提升，美元回流美国。注意：这个条件非常重要，这是一个中长期不可逆转的条件。因为，一旦美元回流的压力减轻，攻击就可能失败。因此必须是，非常了解美联储运作的人或者是一伙的，才有可能条件掌握这个信息。

---

① 浮动汇率制度：汇率完全由市场的供求决定，政府不加任何干预的汇率制度。

三、外汇储备空虚，不足以维持固定汇率制。

其次，从攻击的手法看，索罗斯们非常有耐心并且很隐蔽地进行了很长时期的建仓，发起攻击非常突然。泰国央行起初并没有意识到危机的严重性，资本管控与反击的方式与今年1月7日我国央行在香港围剿人民币离岸空头的手法如出一辙。注意：这一段里也没有宋鸿兵老师所说的联动，也就是没有和股市联动，也许是狙击泰国货币根本不需要吧。

其实所谓的大打舆论战，主要是泰国方面，索罗斯根本不需要！

索罗斯就是利用泰国经济本身的漏洞先进行一次重击（第一阶段），然后静静地看着你流血。等你的鲜血即将耗干的时候，再实施致命一击（第二阶段）。索罗斯不需要什么舆论战，只要公开泰国央行的外汇储备就万事大吉了。后面就静静地看着资本外逃，使得泰国央行压力倍增。等外储消耗得差不多了才进行最后一击，泰国央行就彻底崩溃了。

索罗斯不需要像宋老师说的大肆唱衰泰国经济，同时你更无法知道混在贸易公司或者金融机构里，谁是和他同盟。这分明就是一个嗜血的猛兽。

这一内容就先说到这儿，回见！

文章发布日期：2016年1月27日

索罗斯的"做空"套路

【幽灵说】之所以能够在2015年下半年多次成功逃顶,归功于有了汇率和股市关系的经验。抗击金融危机,政府的做法合理与不合理,区别究竟有多大?来听听老韭菜"幽灵"从复盘这些经典案例中,获取了哪些重要的投资经验!

在前面一篇文章里,咱回顾了对冲基金攻击泰铢的过程和手法,基本路子大致分为四个阶段:

第一,潜伏和调研决定攻击方法;

第二,展开行动消耗目标的外储;

第三,等待对方失血,对外围展开佯攻;

第四,致命一击。

整个过程持续了有一年多的时间,这套路数是一个典型的做空一国货币的经典手法。

如果有愿意出钱的,咱也去攻击一下越南盾或者菲律宾比索什么的,省得他们天天跟着美国嘚瑟……(开个玩笑)。

至于说舆论战,咱们在炒股的时候都有深刻体会,一只股票如果出现异动,无论是涨跌,立马消息满天飞。所以攻击一国货币这么大的事,肯定是谣言四起,想控制住消息太难了。通常所说舆论战基本都是官方单向的辟谣和宣誓,攻击方不用发表任何言论,越不说越神秘,攻击力就越强。

这种现象在咱们今天的互联网时代,叫"丑闻倍增效应"。

特别是当泰国总理在电视上宣誓"一定能够让投机分子血本无归"之后的第二天,泰国央行突然宣布将固定汇率制改成浮动汇率制之后,泰铢就基本崩溃了,你说说怎么能让人相信官方的话呢。

再看最近,由于索罗斯的"宣战",除了官媒对索罗斯的全面声讨以外,其他媒体也都纷纷展开各种回顾,戏说1998年索罗斯在亚洲金融危机都干了什么缺德事。另外还有些媒体,拿中国国力和国际对冲基金的实力做对比,什么中国有多少外汇储备,中国有多么强大的实力,中国人民意志多么坚强等等。然后,又是索罗斯是个什么东西,能调动多少资金。

那些说法都太愚昧了,跟实际情况是满拧的。做空一国货币又不是两军交火,看谁有多少枪炮,而是一个顺势而为的投机操作。就像大熊市咱们做一把期指的空单一样,只是怎么操作的问题,如今的新兴市场这个"熊"样子,强行做多才是有病呢。

咱们幽灵玩股是聊投资的,是以冷静分析客观事实,然后做出投资判断为主的节目,聊这些咱们主要是从这个案例中复盘当时的情况,为以后的投资操作积累经验,所以那些演绎的故事咱就不提了,咱们直接说案例。

同样是本币受到攻击,韩国当年是怎么挺过来的?

有传言说是韩国民众为抗击国际资本的攻击,老百姓向国家捐献黄金,这个传闻有点夸张了。当时韩国的情况也是外汇储备不足,韩国政府为了捍卫韩元的定价权,号召民众把家里能在国际市场兑换的外汇以及黄金等等，统统按市价用韩元买下，结果是韩国民众纷纷响应。估计里面可能也有几个是真捐献的，所以就给传成向国家捐献黄金了。

那么，这次号召大约为韩国政府筹集了十几亿美元用于抗击金融危机。同样的一件事，政府的做法合理与不合理，区别可是大了去了。这时候最能体会到政府公信力对于一个国家的重要性了。当然里面肯定也有其他因素咱们就不细说了。

香港之战的背景和泰国印尼等国被做空的内部条件是一样的，那就是通胀严重，股市、楼市都存在着严重的泡沫。特别是股市，在1998年初的香港几乎是全民炒股，跟咱们2015年上半年的大牛市一样，这是其一。

其二是当时的香港还有另外一个不利的背景，那就是资本外流本身就严重。在1997年香港回归前后，有大量的港人特别是中产阶级移民国外，造成了换汇需求旺盛。因此除了经济原因以外，这个政治原因也客观上造成了港币贬值的压力。但也许是预计到了有大陆这么一个强大的后援，所以对冲基金才把香港作为最后一个目标，集中火力展开攻击。

在股市方面，由于实体经济存在严重的泡沫，所以港股的金融股和房地产股股价被严重高估了。同时当时的恒生指数有个严重的系统缺陷，那就是汇丰控股（hk.00005）在恒指的权重过大（当时的权重几乎要占到40%），在注入过大量如我国的中石油、工行之类的超级大盘股之后，汇丰控股（hk.00005）仍然是权重过大，目前是15%。

因此在当时做空港股，只要空汇丰控股（hk.00005）这一支股票，那么融券和做空期指就能双赢。正是由于这个缺陷，所以才有对冲基金和香港金管局在股市上对战这么一出罕见的多空对决。

说个题外话，我为什么在"幽灵玩股"群里给大家推荐《投资学》（原版）这本书？是因为《投资学》第一章就是讲的投资环境，其中金融资产与实物资产，金融市场与经济等等内容，都在这里有比较完整的描述。

我之所以能够在2015年下半年多次成功逃顶，就是有了汇率和股市关系的经验。而最早接触本币贬值对股市的影响，特别是对金融股的影响，就是在香港之战这个案子里。无论你参与没参与，这都是复盘所收获的宝贵经验。

下面我们再回到原来的话题。

攻击港币与攻击泰铢类似，对冲基金也是早早的就在香港布局：

首先，使用美元质押，大量地借出港币；

其次，在外汇市场高杠杆地建立港币的空头仓位；

第三，在股市布局，悄悄地收集筹码，主要买入的就是汇丰控股（hk.00005）。

在港币上套利，有点类似于融券操作，就是用美元质押向各个银行借入港币，然后集中抛售，把港汇的价格砸下来之后再换回美元，同时在外汇市场空单套现，基本就是这么个路子。

在1998年的8月5日，外围市场上美国股市暴跌、日元汇率重挫，对冲基金就此对港币和恒指发起了立体攻击。

在港汇方面,对冲基金集中手里的筹码猛砸,香港金管局就动用外储猛接,力保联系汇率[①]浮动范围的底线不被击穿。咱们从联系汇率制度的解释可以看出来,要想保港币的稳定,必须有足够的外汇储备才能做到,如果一旦港币的浮动范围被击穿,就会造成挤兑,那么港币就崩溃了。

在股市方面,对冲基金利用手中的筹码,猛砸港股,特别是汇丰控股(hk.00005)。由于汇丰控股(hk.00005)在香港持有大量的港币计价的资产,因此港币一跌,汇丰控股(hk.00005)自然就跟着被投资者抛售。从8月6号到13号,恒指从7300点一路被砸到6600点,对冲基金在恒指期货上大获全胜。

要知港府怎么对大鳄展开反击行动的,在操作上有哪些精彩之处,咱们下篇章接着说。

文章发布日期:2016年2月2日

---

① 联系汇率制:简称联汇,是一种固定汇率制。即将本币与"美元"的汇率固定下来,并严格按照既定兑换比例,使货币发行量随外汇储备联动的货币制度。

"官鳄大战"的制胜手法

【幽灵说】复盘了两期的汇率战,对于做空货币你了解了吗? 1998年大鳄狙击港币、香港特区政府如何反击,可以说是汇率战经典中的经典,里面有许多值得玩味的细节,国际大鳄是如何被消灭的?来听听老韭菜"幽灵"是怎么分析的!

上篇文章咱们讲了,1998年国际金融大鳄做空香港的经济背景、政治背景以及国际大环境,同时也详细地描述了大鳄做空香港的技巧,就是借助国际市场暴跌,启动股市汇市联动双杀的操作手法,将港股恒指从1998年8月6日的7300点一路杀跌到8月13日的6600点,并且在期指空单上套利(图3-7)。

在1998年8月13日恒指爆跌到6600点,国际大鳄们击掌相庆的时候,8月14日特区政府果断持巨资入市,通过中银国际等三家券商,一路高举高打地买入大蓝筹,并大规模建仓股指期货多头仓位。恒指在14日被特区政府暴拉了564点,涨幅高达8.47%(这涨幅的数字跟咱们8·11惨案[①]暴跌前的大阴线的跌幅一样,看来这个数是有大事的前兆……呵呵)。当

[①] 8·11惨案:2015年8月11日,中国央行将人民币兑美元的官方汇率降低了近2%。这是自从1994年引入现代化汇率制度以来,人民币兑美元的最大一次贬值。

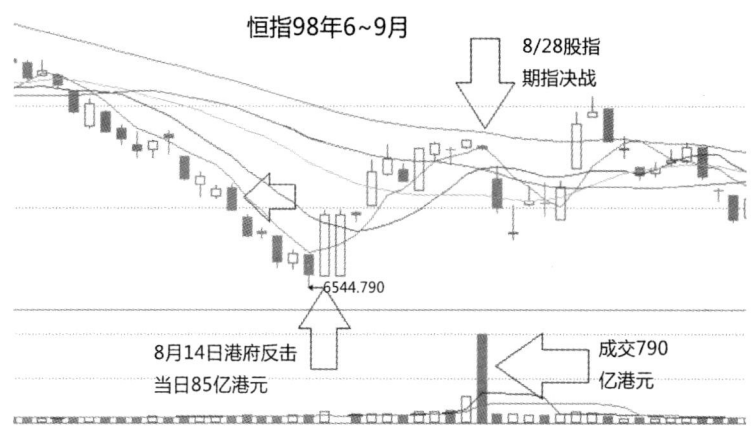

图 3-7　恒生指数日线图（1998 年 6—9 月）

日恒指成交额高达 85 亿港元，比平时放大了 60%。与此同时，香港金管局大幅提高银行间隔夜拆借利率，使对冲基金无法短期融资补充弹药。

香港特区政府 1998 年 8 月 14 日出手的时机选择可谓恰到好处：

一方面是从盘面上能够感知空头的做空力道衰竭；

另一方面是因为接下来的 2 天是周末和抗战胜利纪念日的休市，可以观察外围股市的动向，然后再决策下一步的安排。

果然，1998 年 8 月 17 日开盘的时候，美股强劲反弹，日元汇率在日本政府可能出手干预的预期下逐步趋稳，亚洲股市也因此开始了全面的反弹。随后，在诸多外围利好因素的刺激下，港股自身也展开强劲反弹，港汇也恢复稳定。

这里特别再提一下，在咱们之前的文章中，曾经提到宋鸿兵老师"股市暴跌背后的猎手账户"。其中提到 2015 年 7 月 9 日 A 股股灾企稳的原因是公安部副部长带队，空头就全都没影了。这个说法是不科学的，实际上大盘已经暴跌了 1800 点，空头力量已经基本衰竭。同时我们在复盘 2015 年的文章中还提到，2015 年 7 月 7 日有巨量出现，那就是场外资金已经大规模进场，即便是没人来查，大盘也跌得差不多了，所以说跟公安部领导的调查没有直接的关系。

咱们再回到 1998 年的香港。

自从当时香港特区政府介入做多之后,加之外围市场造好,所以多头的情绪开始高涨,恒指接连收出阳线。但空头不死阴魂不散……

为了彻底干废国际大鳄,在 1998 年 8 月 28 日,也就是 8 月期指结交割结算日,香港特区政府在股指和期指两市与国际资本展开了殊死搏斗,港人称之为"官鳄大战",这一天也是"官鳄之战"战况最为惨烈的一天。

在股票市场,当日的国际资本为了挽回败局,准备了数百亿港币和筹码,早晨股票交易一开盘,大举做空,打压恒指的现货、期货,而特区政府"誓死捍卫",你抛多少筹码我就接多少筹码,上午两个半小时交易结束,成交高达 400 亿港币之巨。下午大鳄们孤注一掷,又集结了几百亿港币资金和筹码,继续负隅顽抗,下午一个半小时的交易又成交了 390 亿港币的巨量。这一天恒生指数收在 7829 点,创下了 790 亿港币的成交天量,这个成交是平时成交量的十倍。

这一天不仅香港 600 万人屏住呼吸,注视着股票行情,全世界不知有多少机构和投资者都在关注着这一事态的发展。我还清楚地记得那天我在深圳,还从电视里收看了直播的多空大战盛况,至今记忆犹新。

另一个战场是恒指期货市场。当日下午,香港特区政府与大鳄们则以期货市场为主战场,展开了另一轮的惨烈厮杀。为了防止大鳄将 8 月的期指空单转仓,香港特区政府在午后狂沽 9 月期指,令 9 月期指下挫至 7100

点。由于外资银行被管制（美林、霸菱、怡富等外资行被要求不得介入），最后期指收市报 7210 点，贴水 600 点。当时，香港特区政府沽售 9 月期指的目的，是不让对冲基金逢高沽售，增加其沽空成本，同时也是为自身手持大量现货，对冲套保。

最后据估计，1998 年 8 月 28 日一天大约有 600 亿元成交量为特区政府买入，并且香港特区政府成为市场的唯一买家。从 8 月 14 至 8 月 28 日这些天，香港特区政府一共买入并持有蓝筹股 1300 多亿港币，占恒指总值 10% 以上。

关于这场官鳄大战，有很多个版本，我这个版本基本是最全乎的，有心的可以找找当年的资料。

从香港特区政府与国际资本展开的"官鳄大战"可以看出，香港特区政府的队伍里明显有熟悉市场、操盘能力卓越的高手，而且团队上下团结一致，合理地利用了手中的资源和市场环境，一举将空头击溃。

再以后的事大家就都知道了，首先是香港特区政府用手中持有的蓝筹股筹码成立了盈富基金，卖给了香港散户。在国际大鳄被消灭后，尽管美元指数依然攀升至 2000 年的 121 点，但恒指也同时展开了一波超级牛市，指数从 7000 点飙升到 18000 点，盈富基金暴赚。

与香港的港汇保卫战相比，2015 年 7 月我们的救市，就明显地感觉到相形见绌了。自己埋的雷，自己爆的仓，最后还自己用自己救市的钱套利，这都什么鸟事，就这路子！

要是真有帮大鳄悄悄地摸过来，你说能打成啥样？真心为他们捏把汗！

得，也甭发牢骚了，这篇就到这吧。

文章发布日期：2016年2月3日

第四篇
A股"做盘"的那些事儿

【提要】做盘是个系统工程。在此过程中,机构是如何把上市公司说"活"的?比较好的建仓方法是什么?"拉涨停"又怎样做到资金消耗最少?特别是要学会观察持续走强的庄股,识破"装逼"的做盘者。

独此一家的纯干货,错过后悔一辈子!

无论是对内容感兴趣的,有问题的,或是希望看到我最新"言论"的,欢迎大家关注我的新浪微博"幽灵礼物"或"阿财金融秀",特别是微信公众号"幽灵玩股"(youlingwangu)。

你在股市投资中有困惑或者疑问,都可以发私信给我,典型的问题咱可以互相切磋,大家共同讨论!

做盘资金的来来去去

【幽灵说】做盘是个系统工程，不是一回车就 over 这么简单。从资金筹集，到前期准备，到实盘操作，再到拉高出货，这几个环节，每个环节都有很多故事，每个故事都有一系列传奇。下面咱就一段一段地逐一道来……

前面咱们说了，2015年的股灾为什么跌得狠，死得快，其一是恶性融资，其二是交易制度缺陷。

每项制度的推出，必须考虑极端情况，否则后果不堪设想，但极端情况是什么样的？会造成什么后果？怎么预防？那就必须得有熟悉业务的专业人士参与制度设计。

"尚大爷"时代,我记得为实施股权分置改革①,解决场内资金不足这个市场最担忧的问题,就提出过推出"孖展计划"(粤语融资),并且对"孖展"的可行性进行了考察。

但为什么没推?而后为什么又和股指期货同时推了?我也没搞清楚。推出"两融(融资融券)②"和"股指期货③"是 2010 年 3 月,那年的行情波澜不惊,有个 800 来点的深 V,也没什么特别之处。但涨跌停板推出的时候,我印象特别深刻。

1996 年那会我刚入证券行业,一开始在一个券商的电脑部当"民工"。那时候没互联网,下单都是那种带一个小键盘的自助委托机,有行情的时候机器用得特狠,股民噼里啪啦的,跟玩征途那帮小孩摧残网吧的键盘一样,所以老得修。记得那会行情挺火,我也刚开始学着炒股,但散户大厅的破机器一会就有人来电话说坏了,我就得过去看看。

---

① 股权分置改革:股权分置,是指 A 股市场上的上市公司的股份分为流通股与非流通股。股东所持向社会公开发行的股份,且能在证券交易所上市交易,称为流通股;而公开发行前股份暂不上市交易,称为非流通股。这种同一上市公司股份分为流通股和非流通股的股权分置状况,为中国内地证券市场所独有。股权分置不能适应资本市场改革开放和稳定发展的要求,必须通过股权分置改革,消除非流通股和流通股的流通制度差异。股权分置改革是为了解决 A 股市场相关股东之间的利益平衡问题而采取的举措。

② 两融:又称为融资融券交易。是指投资者向具有融资融券业务资格的证券公司提供担保物,借入资金买入证券(融资交易)或借入证券并卖出(融券交易)的行为。

③ 股指期货:全称是股票价格指数期货,是指以股价指数为标的物的标准化期货合约,双方约定在未来的某个特定日期,可以按照事先确定的股价指数的大小,进行标的指数的买卖,到期后通过现金结算差价来进行交割。

8、9月份的深圳正是暴热的时候,那天我正在散户大厅里汗流浃背地鼓捣那破机器呢,就听大厅里,"欧,欧"的喊声,一浪高过一浪。哥们探头一看,原来有只股票叫东北电A(sz.000585A,现在叫东北电气),十几分钟的功夫就涨了121%,后来呼啦一下股价又下来了,一二一齐步走,所以我记得特清楚。后面的一段时间,人民日报上就频繁出现"过度投机"之类的批评文章,越往后越严厉,这就是后来传说中的"12道金牌[①]"。

有一天我和另一个哥们正在打印交割单,那会没互联网大数据什么的,所以收盘都得打印交割单存档。有行情的时候交易多,所以打印交割单时间就特别长,估摸得两小时。那天我正跟那哥们商量晚上上哪蹭饭呢,交易所发来一传真,哥俩一看就晕菜了。通知内容大概就是,从下周一开始实施股票涨跌停板制。那会儿钱不多,积攒的那点积蓄连泡妞都不舍得花,都买了股票了,所以一看这通知也是有点慌。一是怕赔钱,再就是怕暴跌有人把营业部给砸了。所以麻利儿地给营业部总经理打电话,问问是不是得加派保安什么的,再有就是把能搬起来的东西都固定固定,能搬走的就干脆搬走。

第二天我上班,心里倍儿紧张。一路走一路还琢磨呢,早听说这边砍人特凶悍。上次有个大户支票存进来,没两天就要提1000万元现金,营业部没法提,一帮"社会人"就把营业部给围了,这次是不是也得备两把菜刀?琢磨琢磨就到了营业部门口,一看大门口里里外外多了好几十个穿制服的保安,顿时心里就踏实多了。

[①] 12道金牌:1996年下半年,股市疯涨。为了维稳,管理层从10月份开始,连发了《关于规范上市公司行为若干问题的通知》、《证券交易所管理办法》、《关于坚决制止股票发行中透支行为的通知》、《券商自营业务管理办法》、《进一步加强市场监督》、《严禁操纵市场行为》、《进一步加强市场稽查工作》、《加强风险管理和教育工作》等文件,并恢复了涨停幅限制措施,共计12项政策,但股市依然我行我素地往上涨。1996年12月16日,人民日报在头版头条重要位置刊登了特约评论员文章《正确认识当前股票市场》,明确指出"最近一个时期的暴涨则是不正常的和非理性的",股市大盘立刻连续4天跌停板,6个交易日从1258跌至867点。此后,上述管理层的12个关键措施就被戏称为股市的"12道金牌"。

那会我在的营业部,一楼是散户大厅,二楼是办公室和超级大户,三楼是大户室。都快开盘了,我听着楼里倍儿安静,哥仨就商量着抓阄决定派谁出去侦查一下情况。倒霉催的就我抓阄输了,只能忐忑不安蹑手蹑脚地去楼下探查。结果到楼下一看根本没人,看来这里的股民早就有愿赌服输的心理准备,比我心理素质好多了。这会儿我就大着胆子楼上楼下地转了几圈,除了有几个大户在"锄大地",没其他闲杂人等,一天就消停地过来了。后来连着3天大盘跌停,到第四天才开始陆陆续续地有人到营业部看股票。那波行情从1200点爆跌到800多点,后来又从800多点涨到来年的1500多点,快翻了一倍。

深圳这边没什么事。后来我从电脑部转到机构部搞收购,有次到沧州出差。那边的营业部情况就不乐观,当时接待我的营业部经理聊到涨跌停开始那天,他跟我说:"大兄弟你知道,咱们这里的群众,都爱好个拳脚。

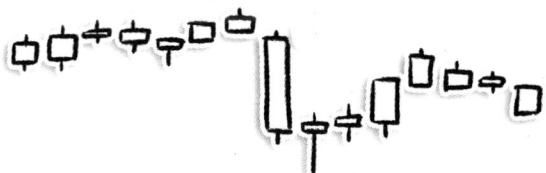

那天俺们这营业部,没一块玻璃是好的……"

自从有涨跌停以来,日线和周线都和原来不一样了。长得跟楼梯似的,一段一段的,有兴趣的朋友可以翻翻1996年12月的K线,电脑上都有记录。而且听说,自从那会开始,坐庄的玩法也和以前不一样了,有很多新花样。不过那会我还在外围,虽然天天看盘也不能感觉到各种玩法的奇妙,后来自己亲手操作了才知道,原来这么好"玩"的。

啰嗦了半天咱们这才算扯到正题上了,不过说说以前的事也挺来劲的,这其实就是民间的"中国证券发展史"。

从1994年国债期货那档子事一出之后,证券行业一直就不景气。特别是沪市一蹶不振,深圳那边强点也有限,到1995年末券商都快饿死了。听说当时的君安证券都准备发遣散费了,但1996年一波行情一下就暴富了。

当年的券商有两大收入来源,一个是交易手续费,一个就是自营盘①,说白了就是坐庄炒股的收益。那会的投行还根本不行呢,发行的大头都叫银行给赚了。

券商的收入来源,有行情的时候,交易收入就"杠杠的"。但有行情的时候毕竟是少数,多数都是没行情的日子,那咋办?自营坐庄呗。所以券商的自营部门一般都是证券公司最核心的部门,虽然人少但是最牛,一个个出门都横着走道儿。

要坐庄就得有钱,钱从哪来呢?券商就比外面的"野庄"舒服多了。"野庄"得自己凑钱,但券商调取客户的保证金就能操作。当时的券商所有客户的保证金都存在银行的一个大账户里,银行不管谁是谁的钱,知道是券商户的就行了。所以后来屡屡出现券商动用股民保证金,做庄炒股的事。

---

① 自营盘:指证券公司以自己的名义和资金进行证券买卖,并从中获取利益的业务活动。

2000年那波大跌，因为动用保证金坐庄炒股，一大波知名券商从此就给废了。南方、华夏、大鹏、亚洲、汉唐、中关村等等一系列证券公司都宣布破产。从那次之后才开始实施的第三方存管[①]，券商不再接触客户保证金，股民的保证金从此开始银证互转，和券商彻底分开了。

券商能用保证金，那外面的"野庄"怎么办？当时的宁波解放路，深圳的红岭中路，都是庄家云集的福地。此外还有蓝田、涌金、德龙这些知名的民间机构。另外还有湖南帮、湖北帮、武大帮、财院帮，各路神通广大的炒股帮派，这些都是最早的私募雏形。

其实，做把庄少则几亿元，多则几十亿元，即便是券商也不能保证一下能凑够那么多钱。德龙那三只股票粗略估计融了近400亿元。所以说炒股是资金密集型产业，资金就是生产资料，没资金一切都白瞎。

有需求就有交易，虽然融资融券2010年才正式开始，但很早以前，

---

① 第三方存管：全称是"客户交易结算资金第三方存管"。过去，在证券交易活动中，投资者（即客户）的交易结算资金是由证券公司一家统一存管的。后来，证监会规定，客户的交易结算资金统一交由第三方存管机构存管。这里的第三方存管机构，目前是指具备第三方存管资格的商业银行。

券商的营业部为了吸引大户,都有透资业务。虽然透资业务管管停停,但私底下从来就没停过,有的券商为了透资合法化,还专门收购了典当行,把透资业务"规范"起来(加引号的规范,大家懂的)。

有传言说,正规的券商融资就比较好办,要想从哪个行贷点款,就想办法让行长老婆开个户,资金都不用自己出,过几天炒出几十万元来取走就完事了,一切手续合法。

所以有人说,郭美美她妈是"股神",其实就是这种情况,只要账户上打1万元,券商就能给融资100万元,然后炒成300万元,200万元利润就拿走了,这没什么奇怪的。

人心不足蛇吞象,一旦有行情来,谁都不管不顾了。当时的南方证券,几乎是排名第一的大券商,里面博士硕士成堆,难道他们不懂风控?没设止损阀?根本就不是。所有的规则都是自己定的,玩到兴起规则全是屁。当时券商下面的营业部经理,除了自己的工资奖金以外,还有一块儿最肥的外快,就是当"资金耗子"。给自己公司融资,给庄家融资,给大户融资,这些资金的利差,一年能有几百万元,你说融资业务能规范得了么?

啰嗦了半天,刚把资金的事说明白喽。

文章发布日期:2015年10月17日

纯"资本运作"的后果

【幽灵说】借壳上市,是指一些非上市公司通过收购一些业绩较差,筹资能力弱化的上市公司,剥离被购公司资产,注入自己的资产,从而实现间接上市的目的。然而前期工作没做好,会有多雷人?来听听老韭菜"幽灵"是怎么分析的!

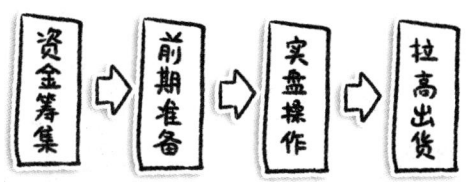

之前咱说了,做盘有"资金筹集"、"前期准备"、"实盘操作"和"拉高出货"四个环节,并且重点说了资金那点事儿。现在咱聊聊"做盘的前期准备"。前期做得好,后面很多事就能顺风顺水,要没准备好,碰着各种雷,还不如买指数基金靠谱。

给大家讲个故事,这故事早年炒股的人可能知道,但不一定了解内幕,新人可能根本就没听说过。

不是我不明白,这世界变化快。要说现在互联网炒作,什么"生殖用品马佳佳"、"煎饼果子黄老吉",那都弱爆了。当年有个软件公司叫"科利华",它爆炒的什么?人家炒一本美国进口的书,叫《学习的革命》,

倍儿有技术含量。

科利华的老板宋朝弟是个做教育软件的,在1998年、1999年那会儿,科利华绝对是中国软件头一号了。当时为了推广他们自己开发的教育软件,这哥们在军博搞了个万人体验的盛大活动。大投入大手笔,软件一下就火了。现在爆炒的什么全通教育、在线教育,鼻祖就是科利华。当年业界有句话,叫"南有史玉柱,北有宋朝弟",所以说这哥们绝对不是一般战士。

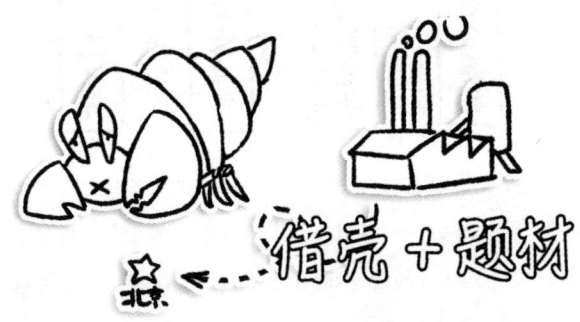

为了借壳炒股找题材,让全中国人民都知道科利华这家公司,一个实收资本3亿多元的公司愣是花了上亿元的资金爆炒《学习的革命》。

那会流行校园科技,有点文化的人都人手一本《学习的革命》。书给炒火了,紧接着就是借壳上市。中关村著名的科技软件公司,借壳东北老工业区钢铁企业,多有爆发力的题材,股价从5元一路"蹭蹭"干到40多元。

要说够给力的吧,但结果却是出人意料的悲惨。

首先是炒股。科利华为了表现出鹤立鸡群,股票一路不调整、不套现、高位死扛,这犯了炒股的大忌,就跟德龙一样生生把子弹都耗干了。

其次是借壳之前没做好尽职调查。本来想利用资本市场圈钱的,结果一进去发现原来是个无底洞,被玩资本运作的给圈了。

再有就是过度包装。主业荒废,不研发、不生产一门心思资本运作,把主营业务生生给玩废了。

后来股价一路跌到 1 元多,终于惨淡退市了。爆炒《学习的革命》,为借壳炒股背书,这是一种大手笔的前期准备,属于庄家和上市公司一体化运作。要是后面按正常规律操盘,该拉的时候拉,该出的时候出,再多忙乎点公司内部的事,肯定没那么点儿背,没准早就变成大蓝筹了。

好了,今儿就先侃到这里。有网友建议我学学某某财经、某某观、某某思维啥的,我觉得没必要。讲大款,讲历史,都快听吐了……我还是坚持原创,原汁原味地讲述咱散户自己个的事儿。

文章发布日期:2015 年 10 月 22 日

做盘就要"捆死"上市公司

【幽灵说】有的时候行情来了,有的机构怕赶不上行情,或者苦苦找不到对口的上市公司,随便骑个"驴"就开"唱"了……可是要怎么把上市公司给说"活"了呢?下面来听听老韭菜"幽灵"是怎么分析的!

前段时间在"幽灵玩股"群里做个测试,贴了张K线图(一排横着的小K线之后,突然来了根巨量长阳,相当于一躺着的L形,当时大盘走势不错),问这种图形的股是不是可以买入。大家都认为,是量价完美的突破形态,可以介入。后来我告诉大家,那是出了货的形态,借了大盘的势出了货,群里一片沉默……

这就是一个典型的现实颠覆技术判断的案例。更多的时候用技术分析没什么错,但不是唯一的,要用多种方法验证,才能减少错误的判断。这种情况在千股涨停的时候,特别容易撞到。

前面咱说了做盘的前期准备,讲了"科利华"的大手笔策划。这种级别的策划,不管有没有行情,一般都能火。但有的时候行情来了,有的机构怕赶不上行情,或者苦苦找不到对口的上市公司,随便骑个"驴"就开"唱"了。

2010年那波小盘股创业板行情,炒"汉王科技"的机构就中了埋伏。

早年作为投资机构,我跟汉王的刘总有过接触。当年汉王自己开发了一款叫"e风电话"的新产品,"e风"就是电子风格的意思。这电话的功能就是把早期手机的发短信、电子记事本等等一系列功能给移植到有线电话上,当时我们还挺看好的。那会汉王开发项目缺钱,我们想借给汉王一笔钱,然后通过债转股的方式入股,后来你猜刘总跟我说什么?刘总说:"你要晓得,我们现在都是原始股东,股份是很浓的,入股是绝对不可能的!"当时给我气晕了。不过幸亏生意没谈成……

大家都知道手机技术发展得那么快,所以在有线电话上做文章,根本没什么戏。后来e风电话这项目彻底失败了。

汉王上市那会,一是电子书正热销,还一个是小盘股行情启动,所以庄家骑上驴成本就80多元了,后来给爆炒到175元。但公司基本面和行情都不支持这个价,要想正常出货那可费了"驴"劲了。所以听说庄家自己找到老刘,想把后期的业绩往前提一提,再除个权,出货压力可能就小多了。

这事肯定是被"一身正气"的老刘一口回绝了。随后就是股价从哪来回哪去,一路暴跌白忙活了,这就属于没和上市公司配合好。

大家都知道,行情是不可控的,而且大部分的时候没行情,但题材却是可以操作的。最靠谱的,就是把上市公司给说"活"了。然后,有笔钱存在庄家手里,学名叫"委托市值管理",这就把上市公司给捆死了,一般的题材就应该是没问题了。

要能联手捏固出一个有爆发力的题材,庄家就等于成功一大半了。

公司找好了,题材也捏固好了,是不是就万事俱备能开干了,还是不行。有人要说了,怎么那么多事,你到底开不开工了?好啦,就先到这里……

文章发布日期:2015 年 10 月 23 日

识破"装逼"的做盘者

【幽灵说】2015年9月清配资期间买的票,大盘低迷时逆势而上,行情起来了,这票反而蔫了,弄得我一点没脾气。我"手搭凉棚"仔细观察,感觉像是里面还有个机构,跟操盘的这哥们对上了……下面来听听老韭菜"幽灵"是怎么解释这种现象的!

最近管理层处罚市场违规,号称史上最严,两个月就查了几百起案件,罚款20多亿元,这在A股的历史上确实非常罕见。

很多小散很怕,一个怕整到自己买的票上,一个是怕把做庄的打没了,行情也没了。其实你没必要操这个心,没瞧见特力A(000025),梅雁吉祥(600868)还一个劲的猛涨么。涨几十个板跌俩板,根本无所谓?

我这里要告诉大家的是,打击违规,不是你想的那种违规,而是另一种违规?到底是哪种?我只能说,你懂得,你应该懂,你也必须懂。

大家来猜一股票,远看像牛股,近看像牛股,大盘跌的时候这个价,大盘涨的时候还是这价,大家猜猜哪个股?别猜了,我买的股。

2015年9月清配资期间买的票,大盘低迷时都毫不退缩逆势而上,后来行情起来了,我这票反而蔫了,走两小步退一大步,弄得我一点没脾气。我手搭凉棚仔细观察,感觉像是里面还有个机构,跟操盘的这哥们对上了。

大家都知道,股市里充满了各种装逼,拉个3%,底下挂上几百万股的买盘,这是装逼一;大盘下跌时,买1、买2、买3分别是10手、15手、20手,非得用20万股抛单给砸到买2,这属于装逼二。

这些都不是正经干活的料,既不是出也不是进,以我的理解,这种情况一个是可能在等某个信号,另外可能是等对手盘犯错误了。

遇到上述情况怎么办?没辙,不是谈判就是干耗,这也是前期准备没做好,也是咱们本期的主题,前期准备的最后一项,"查仓"。

那哥们问了,持仓按"F10"不是就能看见吗?

非也,F10上是登记公司提供的股东持股情况,虽然上市公司收到的资料能看到前100个股东开户的身份、地址和持仓量,但并不能说明什么。做盘要知道的是股票都控制在谁手里?在哪个席位?有多少?这才是做盘要了解的重要信息,细节我就不说了。谁掌握这些信息?交易所。

原来券商做盘,都花几十万元买各种钱龙内部版本的龙虎榜软件,事实证明信息极端不准,被别人狙击几次就不敢再用了。

2000年以前,偷偷查一次数据,大概得花2万来块钱,这是交易所工作人员的一个外快,要是做着做着又发现有异动,还得再花钱查。

曾经有个机构就碰到这种情况,一个是总遇到上面说的"装逼二"的情况,一个就是收盘的时候"咣咣"两笔给打下来,让你全天白忙活,图形贼难看。你要一咬牙把几个大单都给扫了,对方又悄默声地买买买,等凑够了筹码又开始"装逼二"和砸尾盘,折腾死你。

后来这机构花钱"查仓",从武汉一个营业部找到捣乱的这哥们,要把筹码都接过去,结果对方开价就是市价加40%,不同意就涨1块钱拍100万股,外加每天装逼和砸尾盘……后来听说这机构实在忍无可忍,找

人把这捣乱的哥们给砍伤了,后面做起来就顺多了。

好啦,说了这多么期,做盘的前期准备基本就讲完了,下期我们再说说做盘的下一个环节"实盘操作"的那些事儿。

文章发布日期:2015年10月27日

简单粗暴的涨停板"敢死队"

【幽灵说】说了那么多做盘要有前期准备,要是没有准备工作又会怎么样呢?零零散散地拿上几百万元地铺筹码就开始封板之旅,5到6个板结束战斗。这种涨停板敢死队起家的路数究竟有多简单粗暴?来听听老韭菜"幽灵"是怎么分析的!

如今股市的盘子已经足够大,20年超过欧美股市200年。这么大的盘子只要一大动,足以影响金融安全,甚至会影响到货币安全。银行大量地参与配资,突然地快速暴跌,银行的钱也都给卷了,所以要先救市再排雷,但决不能给打漏了。雷排完了,间谍、内鬼吃里扒外的也就一道儿给清了,货币供应的条件没变,股市就又回到原来的起跑线上了。

在这个大框架底下,怎么做怎么有。

那如果有哥们非要说"我就是没看见有好人,A股都是垃圾,只有划线看图靠谱",那咱就没辙了。

这就好比你鄙视驴,踢打驴,咒骂驴,还想骑驴,早晚被驴踢死。

在这个市场里,小资金肯定是服从大资金的。如果你是一个5亿元规模的私募机构,市场从3400点回撤150点,你说你会怎么做?清仓吗?3100点开始建仓,3400点清仓,掐头去尾还不够交手续费的呢。这个做法的洋名叫"场景复原"。其实,你复原一下机构操作的场景自己就能有结论了。

咱们把做盘这件事化繁为简，简单地概括一下：做盘就是买入特定量的一只股票，而这个量足以控制该股的走势，然后通过手中的资金与股票的运作，将股价推高至满意的位置，最后全部抛出获利。再简单一点就是"建仓"、"拉高"、"出货"，这就是做盘的全过程。但做盘前要先"试盘"。

曾经有人问我，做盘前期准备已经那么复杂，"试盘"又是为什么呢？

"试盘"是一种盘中动作，不是前期准备。在拉升和出货之前都要测试必要的阻力和支撑，看看手头的资金能不能顶得上，消耗太大肯定是得不偿失的。有的时候并非大盘好就能成事，也有的时候并非大盘不好就不能成事，"试盘"就起了很重要的作用。

前些天在上海遇到个朋友,他说他们那有个大户,2000来万元资金,专挑小盘股做。第一个板建完仓,盘整一天后连续封三个板,到第三个板就开溜居然就顺利地完成了,过程就这么简单。

这种情况其实我早年也遇到过,有个广州的机构也类似,没我说的前期准备工作,就是零零散散地拿上几百万元筹码,反复地试探几次,然后就开始封板之旅,头两个板成交大,货就收齐了,中间几个几乎无量,最后几个板成交放大就开跑,5到6个板结束战斗。简单实用,这也是涨停板敢死队起家的路数。

这种做法虽说简单实用,但有很大的赌博成分。

我股灾期间买入的小盘医药股(小药)就碰到这种情况,底部启动之后头两个板几百万股的成交就能封死涨停,到第三个交易日一下子就放大到2千多万股。这种抛压要是前面说的那个2000万元资金的大户,肯定就接不住了。即便这"小药"庄家有备而来,也在高位盘整了十来天才继续上攻的。

早年,因为这种操作被拍死的不计其数。2003年那会儿,就有几个大号民营机构联手做中国联通(600050),到第二个板被基金活活拍死,几年没缓过来。再有就是某券商做桂冠电力(600236),被老庄在第三个板2000万股拍死,股票一蹶不振,券商损失惨重,好几年经纪业务白干,

这些事儿圈里都知道。

最惨的就是敢死队在A股行情低迷的时候赴港作战,一下给拍废了。那可不是什么埋伏的机构,那是被上市公司全体股东给拍死的。因为人家知道股票根本就不值那个钱,所以都倒给你了,连壳都不要了,弄得敢死队很多年也没敢再提玩港股的事。

我以前也在香港"玩"过几天,香港根本不认A股的路数。在A股那套打法,去香港肯定没戏,即便是没人拍死你,没人跟风也够你喝一壶的。轻拿轻放卷铺盖回家,这是最好的结果了,即便是像汉能那种立体作战的,也一下被干残了。所以土八路就在村里玩玩得了,出去全是血和泪。

前几天报道有知名私募也跑香港嘚瑟,被财经媒体吹得牛得不要不要的,我笑而不语……

比较合理的建仓手法应该是什么样的呢,咱打个埋伏下面接着说。

文章发布日期:2015年10月29日

A股的"建仓"新套路

【幽灵说】在发行制度改革之前,最干脆利索的建仓就是拿新股,也就是趁新股发行的时候高举高打。然而发行制度改革以后,老套路就没法玩了。如今比较好的建仓方法是什么?得来听听老韭菜"幽灵"是怎么分析的!

股市实在太嘈杂了,让你无所适从,每家企业对自己的描述都很精彩,每一只股票看起来都不错,但企业实在太多了,他们的描述一个比一个精彩。

太多的"猫腻"融合在一起,就构成了股市连绵不断的震荡。大多数希望通过技术分析参透股市的人,都把"噪声"误认为有用的信息,以至于最后被淹没在股市的随机运动中。这句话听着文绉绉的,跟幽灵以前的风格不像,没错,这是美国著名的作家、思想家、未来学家、技术预测家、产业分析家、经济学家、数字时代三大思想家之一的乔治·吉尔德撰写的《知识与权力》中的一段话,从这句话里你领悟到了什么?

前面讲了江湖上关于机构建仓踩雷,敢死队港股折戟的故事,说明了建仓方法的重要性。这篇咱们介绍几种很实用的建仓方法。这些方法可能对一些未来致力于从事私募投资或者加盟投资机构的股友会有些启示。

首先咱必须得承认，最好的建仓方法就是等待最佳的买入时机。比如暴跌，比如个股利空，暴跌是要耐心等待的，但个股利空却是可以操作的。比如业绩，可以把建仓期间的业绩整得差一点，把拉高出货的业绩整得好一点，这种利用一级市场的建仓手法叫"兵不血刃"。除此以外，就得二级市场上真刀真枪地实干了。

在发行制度改革之前，最干脆利索的建仓就是拿新股，也就是趁新股发行的时候高举高打，然后2个月横盘整理降低一下成本，这是最靠谱的做法。盘子干净，筹码分散，现如今（2014年10月29日起）发行制度改革以后，由于控制融资总量，所以发行价都离市场预期太远，开盘后一般都一路封板，老套路就没法玩了。

现在可能比较靠谱,而且还能用的建仓方法,一个就是趁市场低迷的时候拿货,做几个脉冲动作,脉冲拉升动作之后,筹码就开始集中。然后用之前说到的,装逼 2 系列,打压手法,不断震慑,不断地收集,也就是通过脉冲上涨的动作,把几千人手里的筹码集中到几百人手里,再通过打压和拉升,从几百人手里集中到自己手里,这种方法俗称"蚂蚁搬家"。

大家可以在脑海里体会一下、这种手法在没行情的时候非常有效,而且成本相对较低,但缺点是操作周期比较长,一旦加快进度,成本也就上去了。

还有一个方法就是,从自己的操作队伍里,跳出两个水平相当的操盘手,模拟对手盘,一个做多一个做空,盘中显示俩机构互掐,通过打压和拉升的动作把筹码拿足。这种手法交易成本偏高,一般在有行情的时候比较常用,因为一般的第三方机构看见有人在盘子里大单掐架就不会参与了。

大家都知道,有行情的时候很难拿货,一动就大涨,成本太高。前几期说的汉王科技就是这种情况,被动骑驴,最后把自己给憋死了。这种模拟对手盘的操作,还能衍生出洗盘、出货等等其他功能。

以上就是比较有技术含量的两个建仓手法,这些都是经验之谈,具体操作还得具体情况具体分析,千万别盲目模仿。

下篇咱就该说最精彩的部分了,拉升操作,拉升操作有很多故事和技巧,这些故事对看盘炒股非常有帮助。

文章发布日期:2015 年 11 月 2 日

有些股票不计代价地"拉升"

【幽灵说】大家都知道,"拉升"是做盘过程里最耗银子的,但怎么做到消耗资金最少?怎么观察持续走强的庄股?有的股票为什么不计代价地拉升?散户对"妖股"应持什么态度?本期我们通过一个坐庄的故事,来讲述一下拉升封板的详细过程,来听听老韭菜"幽灵"是怎么分析的!

大家都知道,拉升是做盘过程里最耗银子的,但怎么做到消耗资金最少?怎么观察持续走强的庄股?有的股票为什么不计代价地拉升?散户对妖股应该是什么态度?这里通过一个坐庄的故事,来讲述一下拉升封板的详细过程,然后讲解其中的细节和上述问题的因果关系。

咱为了节约时间,我简化了交易过程,以"故事"的方式呈现。只为说明问题,内容如有雷同,千万别对号入座。

六月的武汉风和日丽，江边公园的石凳上半躺半坐着一个正在打瞌睡的老人，远处传来的汽笛声和此起彼伏的蝉鸣，构成了初夏略显躁动的交响曲。

平静的江面上，一艘白色的游船缓缓地逆流而上，与其他各种船只的匆忙形成了鲜明的对比。游船的甲板上，一个中年男子倒背双手微眯着眼睛眺望着远方，白色的唐装，凌乱的长发，半尺来长的胡子，让人联想到艺术家的样子。在男子的侧面，摆放着一个白色的折叠桌，桌上放着4部手机和一个笔记本，桌旁坐着一个身着职业装，容貌秀丽的短发女孩。

"赵总，下午快开盘了，今天大盘不太好，您看怎么安排？"女孩道。

"离公布消息的日子还有6天，这几天要抓紧时间，下午我来操盘，让他们准备好！"大胡子威严地说道。

"是，赵总，我这就安排。"随即女孩拿起电话，摁了下重播键拨通电话，"1号做好准备，打开免提等待指令。"如图4-1所示。

随后女孩又用另外几部电话，分别通知了其他人，最后说："4号报盘，卖1、9.45、150手对买1、9.44、112手，卖2、9.46、345手对买2、9.43、230手。"女孩机械地重复着电话里的声音。

不一会，大胡子看了看腕上的手表，冲着短发女孩说："时间差不多了，让2号把上午的卖单都撤了，20秒以后1号挂20万股买单，往涨停打，看看上面的抛盘情况。"

"是，赵总。"女孩回应道，冲着手机发出了指令。

约莫1分钟左右，大胡子道："现在已经开盘了，4号报盘。"

"20万股已成交，最高价9.65，65、66、67，还有15万股抛单。"女孩重复着电话里的报盘声音。

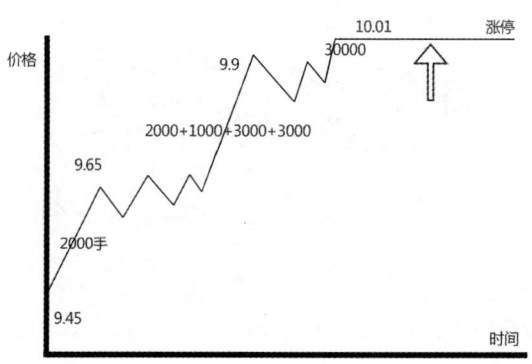

图4-1　大胡子操盘买卖点位

大胡子微微皱了下眉头，对着女孩说："交易继续，1号买、9.61、1200手，9.63、500手，9.65、250手。3号把大单中间的价位用小单子填上，然后小单子连续往上打，单笔不要超过100手。"

几分钟之后，女孩和4号通了一会电话，然后对大胡子说："赵总，大盘回撤，卖1、9.62、150手，卖2、9.63、225手。但买1、9.61增加到1650手，买2、9.60、225手。"

大胡子双眼开始放光，然后道："看来买盘还是很活跃，1号买、9.61，加400手、9.60，加350手、9.59，加900手，然后把前面挂的买单全都撤了。"

"2号注意,卖,9.61、400手,9.65、200手,9.66、200手,9.67、200手。"女孩道。

片刻过后,大胡子问女孩,"情况怎么样?"

"委托都已挂好,大盘开始回升。"女孩回答。

"听清指令,1号买、9.62、230手,9.64、640手、3号小买单继续,间隔长一点。"大胡子又道。

3分钟后,女孩略显兴奋地说:"赵总,大盘快速回升,65、66的单子都被股民吃了,67还有1100手。"

大胡子说道:"很好,通知1号,把9.64的买单撤了放到后面,一次200手,连续3笔,2号100手以内的抛单开始卖,控制住涨势,但不

要打穿 9.64。"

一阵连续地报盘过后,大胡子两眼放光,沉稳地对女孩说:"集中精力,做好准备……"

大胡子点上根烟深吸一口,紧接着又道:"1号买、9.67、2000手,9.70、1000手,9.80、3000手,9.90、3000手,其余的买单都撤了!"语气坚定有力。

"是,赵总!"女孩兴奋地答道。

约莫30秒之后,大胡子转身问女孩:"情况怎么样?"

"9.80部分成交,9.90全部成交,现在的情况是卖1、9.83、85手对买1、9.82、310手,卖2、9.84、114手对买2、9.81、215手,目前大盘有所回调。"说话间,女孩的双眼闪烁着莹莹的亮光。

中间一段的操作过程重复9.60期间的动作,这里不再重复,当大盘再次回升的时候,大胡子又一次发出了上攻的指令:

"2号,卖,9.99、900手,10元、1500手,10.01元、1800手。"

"1号,买,9.95、4000手,9.94、2000手,9.93、1500手。"

"3号,300手左右的买盘,连续买进……"

又过了一会,大胡子转身问旁边的女孩:"情况怎么样?"

女孩略显凝重地说:"抛压很重,9.95有点顶不住。"

大胡子又道:"先不要动,等大盘挑头,现在让1号在这个价位再给老子摞上3000手,老子就不信这个邪。"

女孩重重地点头,随后发出指令……

过了一会,大胡子又问:"情况怎么样?"

女孩高兴地说:"赵总,抛压开始减轻,不断有买盘跟进。"

大胡子凝重的神情开始有所缓解,紧皱的眉头舒展开来,道:"好,让3号,200手、300手,连续地买入,加快频率。"

"是!"女孩道。

多空双方经过一段时间的拉锯,多方逐渐占据上风,在指数由跌转升的时候,大胡子信心满满地对女孩道:"让1号做好准备,3万手。"

当3号的买盘夹杂在跟风盘里,不断地啃咬10元的卖单时,大胡子一声令下:"1号买,10.01、3万手。"感觉"轰"的一下,160万股买盘瞬间封住了涨停。

此时大胡子自信地转头问女孩:"跟风盘怎么样?"

"200万股,220万股,追涨停的跟风盘很踊跃!"女孩兴奋地说道。

"让1号再追加1万手,然后把前面的买单撤了,"大胡子道,"让2号,200手300手的卖,频率不要太快。"

"是,赵总!"女孩回答地干脆利索。

一直到收盘,210万股买盘,死死地封住了10.01涨停的位置。

故事到此,一个完整的封板过程就还原完了,这里面有很多细节的东西你可能注意到了。

第一个就是,女孩的4部手机,分属于四个不同功能的下单员,分别是大单买、卖、小单买、报盘和报持仓。

其次的细节是,经常把前面已经挂好的买单撤掉放到后面。

第三个是小单子往下打压,但不击穿自己构筑的支撑位。

第四个就是在拉升途中不断地挂卖单。

这几个动作都是坐庄中很常见的动作,但他们都有什么妙用呢,咱有机会接着说。

文章发布日期:2015 年 11 月 2 日

后记

我是一名"幽灵党"("幽灵礼物"粉丝的自我称呼),2015年开始关注幽灵的微博"幽灵礼物"以及微信公众号"幽灵玩股"。

当得知"幽灵"要出书的时候,作为一个忠实粉丝的我来说,是无比期待的。因为,在过去的一年里,在"幽灵"这里听到了很多对于市场的精准分析和投资谏言。如今回想起来,还是觉得珍贵和中肯。

2015年注定是中国股市和股民都难以忘怀的一年。从牛市起步到完全演变成一头疯牛,再到股灾爆发、流动性完全丧失,管理层紧急出手救市,后又遭人民币贬值预期打压……这一切的一切仅仅在半年多的时间内完成,真是如梦亦如幻。

作为一棵中国股市里的小韭菜,站在5000点的高端翘首期盼着8000点,甚至是10000点的到来时;当看着股票账户的市值日益增加,内心满足感与日俱增时,疯牛激素导致的狂热情绪蒙蔽住了双眼,我不知道疯狂的上涨总有尽头,许许多多的风险信号被有意无意地忽视……

极端的疯牛引来了极端的闪电熊,我也成了从5000点坠落到3400点的"受害者",而极端的股灾引来了极端的救市,瞬间我又成了市场的"盲从者",幻想着有朝一日能再度站回 5000 点。当然现实的残酷告诉我,幻想终究只是一场不切实际的梦。

茫然之际,我从朋友处知道了"幽灵礼物"的微博,开始关注和学习。

"幽灵"是一个对市场有着独特分析的评论者,也自嘲是一棵经历了股市沉沉浮浮的"老韭菜"。微信群里他分享着一个个有趣却隐含深刻寓意的故事,微博里一次次有理有据地阐述对市场走势的看法和操作建议。

在众人对市场充满侥幸心态的 2015 年七八月,他独到地抛出了"人民币贬值将会对股市带来的灭顶之灾",并多次在微博提示风险并建议清仓。这一贯穿 2015 年下跌的逻辑,在本书中也已经很详细地分析和阐述了!

同样在 2015 年 12 月初,"幽灵玩股"节目不断地讲述人民币贬值可能造成的影响,以及注册制对股市的打击,微博里"幽灵"也发帖提示已经开始出货。要知道,那时可是唱多呼声响彻市场的 12 月啊,"减仓、清仓"在那时显得无比可笑,但现在回想却是真的忠言逆耳!

2015 年,从 3478 点的抄底,到"8·11 汇改"逃顶,到 9 月 15 日重仓,一直到 12 月 3 日空仓,这一系列的交易都在当时"幽灵礼物"的微博中有着公开、详细的记录。可以这么说,"幽灵"告诉了我们多次在暴跌前后离场的机会,也分享了股灾中孕育的进场机会。在我看来,市场上能叫嚣暴涨暴跌的财经评论家很多,可是能在股民迷茫时给予正确的涨跌逻辑和操作建议的并不多。

"幽灵玩股"这本书融汇了"幽灵"整个 2015 年的操作思路,分析了暴跌背后的原由、人民币贬值和股市的关系、大胆抄底的逻辑,还分享了一系列从业至今的股市趣闻和八卦,相信对你对我 2016 年的投资一定会带来帮助。

"幽灵"时常强调:"就算亏钱了,但也要总结经验!"在第一次人民币贬值的时候,大家不知道汇率和股市的关系,所以没躲过去,但第二次很多人都躲过去了（在我们"幽灵玩股"群里有不少），这就是总结了经验的成果。也作为我一个"幽灵党"能够享受到的福利！

一个"幽灵党"的感言

2016年2月